全民阅读体育知识读本

U0723842

体操——力量与美的结合

盛文林/著

台海出版社

图书在版编目（CIP）数据

体操：力量与美的结合 / 盛文林著. －－ 北京 ：台海出版社，2014.7

（全民阅读体育知识读本）

ISBN 978－7－5168－0425－4

Ⅰ.①体… Ⅱ.①盛… Ⅲ.①体操－基本知识 Ⅳ.①G83

中国版本图书馆 CIP 数据核字(2014)第 174920 号

体操：力量与美的结合

著　　者：盛文林

责任编辑：侯　玢　　　　装帧设计：视界创意

版式设计：林　兰　　　　责任印制：蔡　旭

出版发行：台海出版社

地　　址：北京市朝阳区劲松南路 1 号　　邮政编码：100021

电　　话：010－64041652(发行,邮购)

传　　真：010－84045799(总编室)

网　　址：www.taimeng.org.cn/thcbs/default.htm

E － mail：thcbs@126.com

经　　销：全国各地新华书店

印　　刷：北京一鑫印务有限公司

本书如有破损、缺页、装订错误，请与本社联系调换

开　　本：655×960　　1/16

字　　数：130 千字　　　　印　　张：12

版　　次：2014 年 10 月第 1 版　　　　印　　次：2021 年 6 月第 3 次印刷

书　　号：ISBN 978－7－5168－0425－4

定　　价：29.60 元

前　言

“体操”一词来源于古希腊语，意思为裸体。相传古希腊人多是赤裸着身体进行锻炼的。古希腊人将锻炼、运动竞技及游戏的一切身体活动，如走、跑、跳、投掷、攀登、摔跤、舞蹈、骑马和军事训练中的游戏等统称为体操。在西方，这种涵盖所有运动方式的体操概念沿用了许多世纪。进入19世纪，欧美各国相继出现众多新的体育项目，开始有了“体育是以身体活动为手段的教育”这一新概念。于是，在一个相当长的时期内，“体操”和“体育”两词并存，相互混用。在我国，从19世纪中叶到20世纪初，也以“体操”一词来指近代体育。

19世纪末到20世纪初，由于体育运动的发展，特别是生理学家、医学家和体育学家对体育运动本质、价值的深入研究和科学分类，“体育”一词逐步代替了“体操”，用来指身体运动形式，并被人们普遍认同和接受。而体操则在内容、方法上区别于其他身体运动形式，成为具有自身特点的、独立的体育运动项目。

本书从体操运动的起源、发展、演变、传播等方面具体为大家介绍了体操这项运动项目，让青少年清晰地了解体操及体操项目的竞赛规则、场地设施、技术战术、项目术语、裁判标准等知识，从而更加喜爱体操这项运动。本书还为读者朋友展示了国内体操明星们的风采，让读者朋友熟知他们的英姿的同时，更能体会到他们的运动精神。

希望读者朋友能够从本书中收获阅读的乐趣，从而走进体操的世界。

目　录

PART 1 项目起源

竞技体操的起源

自由体操

19 世纪初，自由体操始于德国。在规定的场地和时间内完成编排整套的徒手和技巧动作。竞赛场地面积 12 米 × 12 米，铺设地毯或地板。竞赛时间男子为 50 秒至 70 秒，女子为 70 秒至 90 秒。1903 年成为世界锦标赛比赛项目。1958 年第十届世界体操锦标赛规定女子自由体操必须有音乐伴奏。男、女自由体操分别于 1932 年和 1952 年被列为奥运会比赛项目。

体操项目标

鞍马

鞍马起源于欧洲，最早制造和使用鞍马的是罗马人。世界上第一只鞍马，是用木头制成的，外形与真马相似。这种鞍马夏季放置户外，冬季安放在棚子里。它的用途是训练罗马人的骑兵。

罗马人不仅发明了鞍马，而且制定了一套用鞍马培训骑兵的方法。新骑兵入伍之初，即接受用手支撑鞍马，作上马、下马等骑术训练。每个骑兵都要学会得心应手地从鞍马的左右两侧跨上马，并且能手持戈矛弓箭，以准确无误的动作滚鞍下马。后来，鞍马渐渐演变成现在的样子了，成为了体育项目。

吊环

近代的吊环运动起源于法国，这是受杂技演员悬空绳索表演的启发而创造的，后来传入德国和意大利。1842 年，德国人施皮斯制做了第一副吊环。早期的吊环动作只有一些摆动动作和简单的悬垂，作为体操训练的辅助手段。19 世纪吊环成为独立的男子体操项目，1896 年被列为第 1 届奥运会的比赛项目。

跳马

跳马源于罗马帝国末期的骑术训练。初跳真马，后改为与真马外型相似的木马，并配有马鞍。

1719 年将马腿改为立柱，1795 年德国人首先去掉木马的马头，1811 年又去掉马尾，将两端改为圆形，马身用皮革包制。

1812 年德国体操家 F. L 杨在体操场上，设置了一种用作跳跃练习的无头有尾有鞍的木马。

1820 年，瑞典体操学派创始人 P. H. 林的体操馆中，除了有 3 匹有头有尾的木马外，还出现了跳箱、山羊等跳跃器械。

1836 年德国的施皮茨在学校体操节首次表演跳马，1877 年德国规定跳马必须助跑 6 步，从正侧两个方向过马和做 1 至 2 次支撑动作。

1877 年德国举行的体操竞赛中，男子跳马规定动作有 6 步助跑的限制，并规定了从正、侧两个方向过马和撑手，次至 2 次的动作。1896 年，男子跳马被列入国际竞赛项目。1896 年的雅典奥运会和 1952 年的赫尔辛基奥运会分别把男、女跳马列为奥运会竞赛项目。

双杠

双杠起源于德国，1811 年德国体操家 F · L 扬在柏林郊外的哈森海德体操场首次安装这种体操器械。

1812 年后成为德国体操学派传统的锻炼项目。19 世纪中叶，瑞典体操学派的学说流入德国，在瑞典学习过体操的柏林皇家中央体育学校校长 H · 罗特施泰认为单杠、双杠对青少年的生理有害，把德国传统的单、双杠排除于体操教学之外。

1860 年前后发生了一场争论，柏林体操联盟的 3 个人写了反对取消单、双杠的抗议书，医务参事官等 19 名医生进行了专门的研究，认为双杠运动符合人的生理特点。德国最高医务机关接受了后者的论点，从此双杠在体操运动中才站稳了脚跟。

单杠

单杠起源于德国。18 世纪末西欧国家的杂技表演出现抓停钢丝做大回环的动作，受此启发，1811 年德国体操家 F · L 扬在柏林郊外的哈森海德体操场用一根木杠代替杂技演出的钢丝，首次安装了世界上的第一副单杠。1812 年将木杠改为铁制，后又改为钢制，杠的弹性和承受力增大。19 世纪 20 年代成为独立的比赛项目。1896 年被列为奥运会比赛项目。

单杠运动的起源可追溯到人类的祖先，原始人在丛林中进行的各种攀登、爬越、摆动、摆荡等练习。在当时那只是一种生活实用技能，后来随着社会的进化就逐步成为一种锻炼身体的手段。进入封建社会以后，它与祭神赛会逐步结合，其中“杠子会”、“杠子房”就是专门以练杠子为主的民间组织和场所。由于当时的器械采用在两根交叉的木棍上架一横杠，所以民间称之为“五根棍”，这是现代单杠器械的雏形。到清朝嘉庆年间，技术发展就有“上把”（倒立、大回环）、“中把”（各种挂膝、挂臂回环和转体）、“下把”（各种水平悬垂、上法和下法）等 3 大类动作，称得上是现代单杠运动的萌芽。在很长的时期内，人们把一切身体的活动，都称为体操。直到 18 世纪，德国出版的《青年体操》一书中，仍把所有的身体活动称为体操。

高低杠

19 世纪末叶，女子体操在欧洲盛行，当时女子和男子一样，练的是平行双杠。为了适应女运动员的特点，把双杠的一侧升高，成为高低杠。早期的高低杠动作比较简单，杠下是一些悬垂动作的上杠，杠上是利用混合支撑完成的静止动作。

平衡木

平衡木起源于公元前的罗马时代。18 世纪末，德国体操家将其用于体操训练的辅助器材，后传入欧美国家。最初平衡木为圆形，两端及中部用支架支撑。

平衡木表面狭窄，对运动员完成动作的准确性和控制身体平衡的能力有很高的要求。平衡木的动作包括各种跳步、转体、波浪、平衡、造型及技巧翻腾，并组成成套动作。

19 世纪初，德国体操家古茨穆特斯将平衡木设计成平面，置于地上。1845 年成为女子体操项目。1952 年第十五届奥运会列为竞赛项目。

艺术体操的起源

艺术体操项目标

19 世纪末，在欧洲出现有音乐伴奏的各种身体动作练习；20 世纪初，法国的生理学家乔治·德迈尼、瑞士的音乐教师台尔·克罗兹、德国的舞蹈教师拉班，以及现代体操家博德和梅道等人，都主张艺术体操应以女子优美的自然体形为基础，在音乐的伴奏下，做出各种有节奏的艺术动作造型。通过练习艺术体操，可以发展女子身体的柔韧性，形成优美、健康的身体形态。

当时，专门从事体育与医学研究的爱沙尼亚人艾德勒和他的学生库普，在长期致力于符合美学要求的研究之后，将动力性动作与放松的流线造型交替进行，最终形成了具有活力和独特风格节奏的艺术体操雏形。

20 世纪 50 年代，艺术体操经前苏联传入中国。

蹦床运动的起源

历史追溯：蹦床的历史可以追溯到19世纪中叶北美的科曼契印第安人，而中国马戏团杂技演员使用类似的蹦床至少也有200年的历史。

起源时间：中世纪

起源地点：法国

现代弹性蹦床开创者：法国杂技演员特朗波兰（Du Trampolin）。他用麻绳编制成保护网，以加强“空中秋千飞人”的安全，并利用网的弹性将演员抛入空中，完成各种动作。

蹦床运动项目标

中国起源时间：蹦床运动在中国的起步较晚，1997年才传入中国。

健美操的起源

历史追溯：健美操的起源应追溯到两千多年前。古希腊人对人体美的崇尚举世闻名。他们认为，在世界万物之中，只有人体的健美才是最匀称、最和谐、最庄重、最有生气和最完美的。古希腊人喜爱采用跑跳、投掷、柔软体操和健美舞蹈等各种体育项目进行人体美的锻炼。他们提出了“体操锻炼身体，音乐陶冶精神”的主张。

起源时间：1986年。

运动的雏形：17世纪意大利医生墨库里奥斯在1569年出版的六卷《体操艺术》等著作中，详细论述了各种形式的体操动作。18世纪德国著名体育活动家艾泽伦开设了培训体育师资的课程，创设了哑铃、吊环等动作。这些形式的锻炼，都是健美操运动的雏形。

中国起源时间：20世纪80年代初。

PART 2 历史发展

竞技体操的发展

世界竞技体操的发展

1896 年，国际体操联合会成立，同年，在希腊雅典举行的第一届奥林匹克运动会上将体操列入正式竞赛项目，奥运会体操比赛成为推动竞技体操发展的源动力。除了奥运会，世界体操锦标赛和世界杯体操比赛都是反映竞技体操发展水平的世界性大赛。国际联合会于 1903 年开始举办“世界体操锦标赛”，于 1975 年开始举办“世界杯体操比赛”。

1. 奥运会体操比赛

奥林匹克运动会体操比赛，是奥运会的一项正式竞赛项目，也是历史最长的世界性体操比赛。从 1896 年起每四年一次，到 2008 年共举行了 29 届（在第一、第二次世界大战期间，第 6 届、第 12 届和第 13 届，既 1916 年、1940 年、1944 年的比赛未能进行）。

1952 年以前的历届奥运会体操比赛内容不统一，除体操器械项目外，还有爬绳、跳远、推铅球、撑杆跳高等项目。

第 1 届至第 8 届奥运会只有男子参赛，直到 1928 年第 9 届奥运会，女子才首次参加比赛。

1936 年第 11 届奥运会上，确定了男子体操比赛的 6 个项目（跳马、鞍马、吊环、自由体操、双杠、单杠）。1952 年第 15 届奥运会上，确定了女子体操比赛的 4 个项目（跳马、高低杠、平衡木、自由体操）。

2. 世界体操锦标赛

世界体操锦标赛，是由国际体操联合会举办的规模最大的世界性体操比赛。1903 年在比利时举行了首届体操比赛，第一次、第二次世界大战期间曾两度中断了比赛。1934 年第 10 届世界体操锦标赛上，女子首次参加比赛。

前 12 届世界体操锦标赛的比赛项目也是不固定的，除了器械体操外还包括了部分田径、游泳和举重等项目。1954 年第 13 届世界体操锦标赛上确定了男子 6 项、女子 4 项的比赛项目。

第 1 届至第 6 届比赛是每隔两年举行一次。从 1922 年的第 7 届起，改为四年举行一次，与奥运会相间进行。1978 年第 19 届锦标赛后，重新改为每两年举行一次比赛。为错开奥运会，于 1979 年举行了第 20 届世界体操锦标赛。

首届世界单项体操锦标赛于 1992 年举办。1993 年、1994 年、1996 年又举办了三届单项锦标赛。首届团体体操锦标赛于 1994 年举办。

1995 年举办了第 31 届锦标赛，1997 年举办了第 32 届锦标赛。2001 年（35 届）、2002 年（36 届）、2003 年（37 届）连续三年举行了三届世界体操锦标赛。2004 年间断一年，2005 年、2006 年、2007 年每年举行一届世界锦标赛。到 2007 年共举行了 40 届世界体操锦标赛。

世界体操锦标赛的名称和间隔时间频繁改变，可见国际体操联合会对竞技体操的发展，在不断地进行探索。

3. 世界杯体操比赛

世界杯体操比赛是由国际体操联合会主办的规模较小的世界最高水平的体操大赛。

1975 年在英国伦敦举行了首届世界杯体操比赛，此后 1977、1978、1979 年又举行了三届。1980（第 5 届）、1982（第 6 届）年为每两年一次，1986 年（第 7 届）、1990 年（第 8 届）为每四年一次。

参加世界杯体操比赛的选手，只有在上届世界体操锦标赛上获得全能前 18 名和单项前 6 名的运动员才有资格参赛。世界杯体操比赛只进行自选动作的全能赛和单项赛。

1990 年后国际体联执委会对世界杯体操比赛进行了改革。将世界杯体操比赛分为世界杯资格赛和世界杯总决赛。运动员要想获得参加世界杯总决赛的资格，必须在两年规定时间内至少参加三站在不同大洲举行的系列赛，同时必须保证最终积分排在前 8 名。

资格赛是由各国际体联会员协会向国际体联秘书长提出申请，经国际体联批准，在提出申请国举办的，并可获得参加世界杯赛资格的国际体操比赛。

每次比赛的参赛运动员数量是有限制的。国际体联世界杯排名表上各单项的前 8 名和奥运会、世锦赛的奖牌获得者有优先参赛权。

运动员可以自由选择其参加的次数。但是，如果想获得国际体联世界杯总决赛的参赛资格，他们必须参加过至少 2 个大洲的世界杯资格赛。计 4 个最好成绩作为世界杯总决赛的参赛资格。

竞技体操（男子、女子）世界杯系列赛只包括个人单项比赛。如果一个协会想在它举办的系列赛中组织全能比赛，这也是可以的。但在这种情况下，不可以强迫运动员参加全能比赛。

中国竞技体操的发展

我国自 1953 年引进竞技体操以来，经过广大体操同仁的不懈努力与奋斗，使竞技体操成为了我国竞技运动的拳头项目。至 2008 年，在国际大赛中我国男子体操队在 6 个单项、全能以及团体上都获得过金牌；女子在 4 个单项上以及团体上也都获得过金牌。可以说，体操健儿成绩显赫，为国争光屡建奇功。

回顾我国竞技体操发展的历史，可有以下几个阶段。

一、引进学习与初步发展阶段（1953 ~ 1958 年）

1953 年，代表当时世界竞技体操最高水平的前苏联体操队来华访问，较系统地介绍了竞技体操项目及技术和理论情况，成为我国正式引进现代竞技体操的重要标志。

在向前苏联体操队学习的基础上，我国竞技体操步入了初步发展阶段。在此阶段中，创造出我国体操史上多个“第一次”。

1953 年我国举办了第一次全国性体操比赛，这年底成立了国家体操集训队；

1954 年原国家体委第一次公布了我国第一本正式体操规则；

1954 年我国首次聘请了前苏联专家到我国原中央体育学院授课；

1955 年我国首次派队到前苏联斯大林体育学院学习和训练；

1956 年通过第一批运动健将（男女各 8 名）；

1956 年举办了第一届全国青少年体操比赛；

1956 年中国首次成为国际体操联合会成员；

1958 年第一次参加世界级体操大赛（第十四届世界体操锦标赛）。

二、崛起阶段（1959～1966 年）

1958 年第 14 届世界体操锦标赛以后，我国国内少年和成年体操比赛已逐步制度化、系统化。1959 年国家体委在广州召开了全国体操教练员座谈会，提出了我国体操应向“难度大、质量高、形象美”发展，对进一步提高我国体操技术水平起了定向作用。我国竞技体操在初步发展的基础上步入了崛起阶段。

1. 在技术方面更加注重动作的质量与细节

提出了克服“勾、屈、分、动、擦、碰、停、掉”8 个字的口号，开始对前苏联的训练模式有所突破，并逐渐形成自己的训练风格。

2. 在训练目标上更加明确和具体

提出“超苏赶日”，“人人 360，个个不怕难”的训练要求。形成了突击自由体操后空翻转体 360 度，单杠、吊环等后空翻转体 360 度下、两周下等高难动作的热潮。

3. 全运会体操比赛规模空前

1959 年在北京举行的第 1 届全运会体操比赛，参赛单位共 28 个，参赛运动员 422 名（男子 218 名，女子 204 名），是历次全国健将级体操比赛中参加单位、人数最多的一次。

4. 第一次在国际体坛上升起五星红旗

在 1962 年的第 15 届世界体操锦标赛中，于烈锋获鞍马第 3 名，使五星红旗第一次在国际体坛上升起。在这次比赛中男子获得了团体第 4 名，女子获得了团体第 6 名的好成绩。男子体操一举跻身于世界体操四强之列（前三强为：苏、日、德）。

5. 虽退出国际体联，但国内练兵积蓄力量的势头不减

1964 年由于政治原因，我国退出了国际体联。但我国体操技术水平在高一级的层次上发展的速度并未减缓，我国体操协会组织了体操专家、教练、教师，编制了中国自己的体操运动健将级规定动作，该套规

定动作的难度大于同期国际比赛所用的规定动作的难度。

1965 年第 2 届全运会的体操比赛，是 20 世纪 60 年代全国体操比赛水平最高的一次比赛，不仅出现了一大批国际最新、最难的动作，而且与同期的国际最高水平相比，已大大缩小了差距，从而向世界体操最高水平迈出了一大步。

6. 第 1 届亚新会体操比赛显示了我国体操运动员的实力

1966 年 11 月，在柬埔寨首都金边举行了第一届亚洲新兴力量运动会。共有亚洲 17 个国家和地区的 2000 多名运动员参加了这次运动会。在新兴力量运动会的体操比赛中，我国女子运动员囊括了所有金牌（团体、全能、4 个单项），男子获得团体、全能、5 个单项的金牌，显示了我国体操运动员的实力。

三、停滞阶段（1967—1970 年）

由于“文化大革命”的干扰，此期间全国体操比赛、训练全部停止。刚刚崛起的体操事业，陷入了停滞、瘫痪状态。

四、恢复阶段（1971 ~ 1978 年）

1. 全国性体育比赛开始恢复

1971 年，我国一些体育项目开始恢复全国性体育比赛，体操是最早恢复比赛的项目之一。于 1971 年在杭州举办了全国性比赛，但不计名次。1972 年，在上海开始恢复正式全国性体操比赛。从 1971 年全国比赛到 1978 年底为止，我国共举行了 14 次全国体操比赛（其中包括一次全运会）和 5 次全国少年体操比赛。

2. 训练开始步入正轨，后备力量的培养受到重视

由于比赛制度的恢复，使得各省体操队再度组建起来，不少地区、市、县也都纷纷成立了业余体校体操队，体操训练开始步入正轨。

这时期开始，体操界把培养少年体操运动员转向年龄更小的儿童，于是体操后备力量的年龄也越来越小。参加全国少年、儿童体操比赛的年龄限制由 15 岁降为：男子 14 岁以下，女子 12 岁以下。

由于对后备力量的培养受到重视，在这时期的全国少年、儿童体操比赛中出现了一批新秀。他们是我国体操队伍的新鲜血液，亦是我国体操腾飞的生力军。

3. 恢复参加大型国际比赛

1971 年，我国在联合国的合法席位得到了恢复，我国与国际体操界的往来也随之起了变化，揭开了与日本、美国、西欧等国互相访问、比赛的新一页。在这一时期，我国参加了 9 次大型国际比赛，这些比赛我国几乎都是第一次参加。这对丰富运动员、教练员的国际大型比赛经验，为体操的腾飞做了充分准备。

4. 恢复在国际体联中的合法席位

1978 年 10 月 20 日，国际体联第五十六届代表大会在法国斯特拉斯堡举行。大会一致同意恢复中国在国际体联的合法席位。从此，中国又重归世界体坛，为中国运动员参加世界性比赛扫清了障碍。

五、腾飞阶段（1979 年后）

我国在国际体联中合法席位的恢复，为中国体操的腾飞搭建了平台。从此，我国体操步入了腾飞阶段。

1. 成就令国人振奋

在世锦赛、世界杯赛和奥运会三大比赛中，我国体操取得令国人振奋的好成绩。如，从 1979 年～2008 年，男子共获个人金牌 66 枚；女子共获个人金牌 21 枚。

我国男队在 1983 年的世界体操锦标赛上以 0.1 分的优势超过了前苏联队，首次获得团体世界冠军。此后分别于 1994 年、1995 年、1997 年、1999 年的世锦赛，2000 年的奥运会，2003 年、2006 年、2007 年的世锦赛中及 2008 年奥运会中均获得过团体世界冠军，至 2008 年共计获得团体世界冠军 10 次。

我国女队于 2006 年第 39 届世锦赛中也首次获得了团体冠军。在 2008 年 29 届奥运会中首次获得奥运会团体比赛冠军。

至此，我国男子体操队在 6 个单项上以及团体上都获得过金牌；女子在 4 个单项上以及团体上也都获得过金牌，终于实现了赶超世界强国的愿望。

2006 年世界锦标赛和世界杯总决赛上，中国体操队分别取得了 8 枚和 4 枚金牌，中国男队在团体、全能和单项上全面出击，硕果累累，在 2008 年第 29 届奥运会体操比赛中男子不仅获得团体冠军、全能冠军，而且取得 5 个单项冠军。女子也首次获得了奥运会体操比赛的团体冠军。在本次比赛中男女共获得 9 枚金牌、1 枚银牌和 4 枚铜牌，创造了中国体操史上多个历史性突破。可以说 2008 年中国体操队达到了鼎盛时期。

在这一阶段中，我国不少优秀体操运动员由于对我国体操事业的卓越贡献被载入史册。

马燕红：1979 年为我国夺得第一枚世界体操金牌（高低杠）。

黄玉斌：1980 年在第 5 届世界杯赛上获得了吊环世界冠军，是我国第一个获得男子体操世界冠军称号的运动员。

李宁：共获得 14 枚金牌。曾在 1982 年世界杯赛中一人夺得：全能、自由体操、鞍马、吊环、跳马、单杠 6 枚金牌，是我国在一次比赛中获金牌最多的运动员。

李小双：我国在世锦赛（1995 年）、奥运会（1996 年）体操比赛中获全能冠军的第一人，也是唯一在世界体坛上，成功完成自由体操团三周的运动员。

李小鹏：1997 年 16 岁的李小鹏初次参加世界大赛，为我国团体冠军的获得作出了贡献，成为夺取世界金牌的最年轻选手。2008 年他创造的 16 个世界冠军头衔的纪录，是我国获金牌最多的运动员。

领奖台上的马燕红

李宁在比赛中

李小双在比赛中

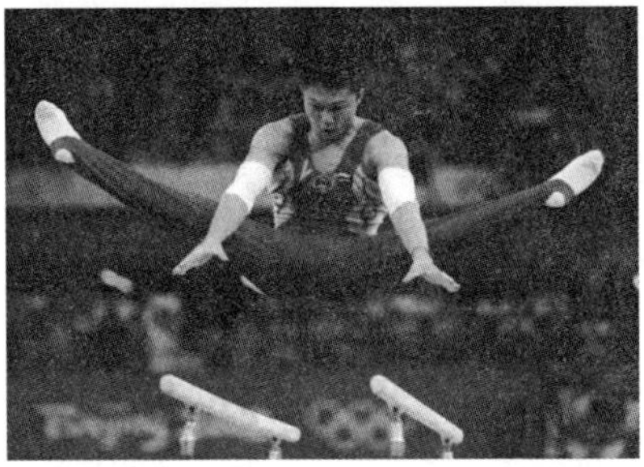

李小鹏在比赛中

程菲在比赛中

程菲：2005 年体操世锦赛跳马冠军，是中国女子体操跳马的第一个世界冠军。2006 年体操世锦赛上再度蝉联跳马冠军，同时获得自由体操冠军。是 2006 年我国首次获体操世锦赛女团冠军的主力队员，亦是 2008 年北京奥运会中国女子体操队的领军人物。

2. 难新动作令世人惊叹

我国体操队在训练中，以"难、新、稳、准、美、力"为基本要求，并十分注重动作技术的创新，追求"人无我有，人有我强"，在世界大赛中不断亮出难新动作，令世界体坛叹为观止。至 2007 年，国际体操联合会以中国运动员名字命名的技术动作达 32 个，其中男子 17 个，女子 15 个

3. 在国际体联中有了话语权

1984 年 7 月，在国际体操联合会第六十三届代表大会上，我国代表（冯冀柏、张全德）首次当选国际体联男子技术委员会第一副主席和国际体联副主席。

中国代表被选入国际体联领导机构，表明中国在国际体操联合会中有了话语权。中国委员参加国际体联的行政和技术领导工作，对加强与国际组织的联系，及时了解技术动态，促进我国体操运动的发展发挥了

重要的作用。

艺术体操的发展

世界艺术体操

19 世纪艺术体操还没有单独分出来，它的起源也许还和芭蕾有着千丝万缕的联系。直至 20 世纪 30 年代在东欧出现表演赛之前，这个项目的发展一直非常缓慢，但是在得到了国际体联的关注之后，艺术体操马上吸引了世界各地的女选手。

艺术体操于 20 世纪 40 年代传入美洲，50 年代传入亚洲，逐渐流行于世界各地，并成为独立的体育项目。并于 50 年代正式定名为艺术体操。

最初的国际性艺术体操比赛并非独立进行，而是附属于女子竞技体操比赛的团体项目中。随着技术的发展，竞技体操与艺术体操的差异日趋显著，1956 年，国际体联决定在竞技体操比赛中取消艺术体操比赛，把二者分开，于 1962 年正式把艺术体操作为一个独立的女子竞技项目。

自艺术体操被作为一个独立的运动项目以来，其比赛的组织形式和比赛规则都有了新的变化，并逐渐被完善。

1963 年，首届世界艺术体操锦标赛在匈牙利首都布达佩斯举行。

1984 年，艺术体操个人全能赛在洛杉矶奥运会上首次成为正式比赛项目。

1996 年，在亚特兰大奥运会上增加了艺术体操团体赛。

艺术体操原来只有女子比赛项目，后来才出现了男子艺术体操。

2003 年 11 月 27 日，举办了首届世界男子艺术体操锦标赛。

俄罗斯在竞技艺术体操项目上占有绝对的优势，并引领着艺术体操的发展方向。如今，在相关规则的支配和现代高科技的支持下，艺术体操正沿着更难、更美、更新的方向迅速发展，成为观赏性极强的体育项目。与此同时，大众艺术体操则沿着深入群众、融入生活的方向发展，在全球范围内掀起了艺术体操健身运动的热潮。

中国艺术体操

自 1981 年我国首次参加艺术体操世界锦标赛至今，艺术体操经历了 20 多年的发展历程。纵观我国艺术体操的发展现状，并从训练体系科学化与完整化，提高教练员队伍水平发挥教练队伍年轻化的优势，成套动作的编排、后备力量的培训等方面进行了探讨，进一步展望了艺术体操的发展趋势及中国竞技性体操的发展方向。

中国团体操夺冠

艺术体操于 20 世纪 50 年代历经原苏联传入我国。20 世纪 80 年代，艺术体操作为一项新兴的体育项目，以其特有的魅力在我国各体育院校广泛开展起来。

为了更广泛地开展群众性体育活动，增强人民体质，推动我国社会主义现代化建设事业的发展，1995 年 6 月，国务院提出了《全民健身计划提要》，号召全社会广泛开展全民健身运动。

目前，全民健身运动在全国范围内蓬勃发展，具有中国特色的全民健身体系的框架已经初步形成。全民健身运动的开展，有利于提高人民的生活质量，丰富业余文化生活，促进社会进步，有利于加强社会主义精神文明和物质文明建设，提高我国综合国力，振奋民族精神。

艺术体操是一项符合女子生理、心理特点的运动，因此非常适合年轻女性练习。这项运动既能增进练习者身心健康，提高身体素质，又能培养练习者的表现力和高雅的气质。因此，这项运动的普及开展，不仅有助于实现全民健身运动的宏伟目标，还可以给社会的文化生活增添美的旋律和艳丽的色彩。

蹦床运动的发展

世界蹦床运动的发展

19 世纪中叶，北美科曼契最初出现了蹦床运动的雏形。

20 世纪 30 年代，美国跳水冠军尼森（George Nissen）制作出类似于当今的蹦床，用来帮助自己的跳水与翻转训练，后来创办了“尼森蹦床公司”。

第二次世界大战期间，美国利用蹦床训练飞行员和领航员的定位技能，取得良好效果，以后逐渐成为一项运动，在美国的中学、大学广泛开展。

1947 年美国在得克萨斯州举行首届全国蹦床表演赛。

1948 年起被列入正式比赛，后传入欧洲。

1958 年英国开始举行全英蹦床锦标赛。

1964 年在英国举行首届世界蹦床锦标赛。

1969 年在法国巴黎举行首届欧洲蹦床锦标赛。

1999 年，国际蹦床联合会成为国际体操联合会的一个协会。

2000 年悉尼奥运会首次将蹦床项目纳入奥运会，设男、女个人两个项目，每个项目 12 名运动员参加比赛。

中国蹦床运动的发展

1997 年传入中国，被“国家体育总局”列为正式竞赛项目；

2002 年成立蹦床国家队，

2003 年第一次参加世界锦标赛中国队就取得女子团体亚军。

2004 年的雅典奥运会上，中国蹦床运动员黄珊汕夺得了一枚个人铜牌。并于 2005 年的世界蹦床锦标赛中获得男女子网上团体冠军。

2007 年，法国举行的蹦床世界锦标赛上，中国选手获得一项冠军。

2008 年北京奥运会上，何雯娜为中国蹦床队夺得金牌。次日，中国选手陆春龙获得金牌，另一位中国选手董栋获得铜牌。

2012 年伦敦奥运会上，董栋获得冠军，黄珊汕获得亚军，何雯娜获得季军。

健美操的发展

世界健美操的发展

古印度很早就流行一种瑜伽术，它把姿势、呼吸和意念紧密结合起来，通过调身（摆正姿势）、调息（调整呼吸）、调心（意守丹田入静），运用意识对肌体进行自我调节，健美身心，达到延年益寿。瑜伽健身术动作包括站立、跪、坐、卧、弓步等各种基本姿势。这些姿势与当前流行的健美操所常用的基本姿势是一致的。古代人对健身健美的追求，以及提倡体操与音乐相结合的主张是现代健美操形成与发展的基础。

19 世纪末，20 世纪初，欧洲出现了许多体操流派，他们在理论和实践上的创新对健美操的发展起到了推波助澜的作用。20 世纪 60 年代初，则是健美操的萌芽时期。它最早是由美国太空总署的医生库帕博士为太空人设计的体能训练内容。而 20 世纪 80 年代初，随着遍及全球的健身热和娱乐体育的发展，健美操以其强大的生命力风靡世界。美国是对世界健美操的发展有着重要影响的国家，其代表人——影视明星简·方达，根据自己的健身体会和经验，撰写了《简·方达健美术》一书。该书自 1981 年出版后，引起了世界的轰动。她的现身说法，促进了健美操在世界范围内的推广。1983 年美国举行了首届健美操比赛，自 1985 年开始，美国正式举办一年一度的健美操锦标赛，并确定了竞赛项目和规则，使健美操发展成为竞技性运动项目。1984 年首届远东区健美操大赛在日本举行，从此，健美操运动在世界各地全面兴起。

健美操不仅在美、英、法等国家迅速发展，而且在一些发展中国家和地区也得到不同程度的开展。前苏联早已把健美操列入大、中、小学的体育教学大纲。在亚洲地区，日本、菲律宾、新加坡等国家也建有许多健美操活动中心及健身俱乐部，人们都开始将健美操作为自己的主要健身方式，由此形成了世界范围内的“健美操热”。

发展历程：

1983 年，美国举办了首届全美健美操锦标赛；

1984 年首届远东区健美操大赛在日本举行。

1984 年起健美操运动在世界各地全面兴起。

1990 年，美国主办了健美操世界冠军赛，日本主办了健美操世界杯赛。

1995 年，国际体操联合会在法国举办了首届世界健美操锦标赛。

中国健美操的发展

随着我国教育改革的不断深入，“美育”教育逐渐在学校教育中占有一席之地。1981 年至 1983 年，健美操传入我国的初期，不少高校教师陆续在报刊杂志上刊登文章，介绍了健美操和探讨了美育教育，并编排了一些健美操成套的动作，从此，追求人体健康与美的“健美操”一词迅速被广大体育工作者所采用。

1984 年，北京体育学院成立了健美操研究组，使健美操迅速在我国各大专院校得到普及。为了推动全国大学生健身健美操的开展，中国大学生体协健美操艺术体操分会决定从 1993 年开始，每年在大学生中推广一套由协会审定的健身健美操。与此同时，表演性健美操和竞技性健美操也开始在学校中出现。

1987 年，北京举办了首届全国健美操邀请赛，同年，我国第一家健美操健身中心“利生健康城”面向社会开放，首次把健美操这项新的体育运动介绍给广大人民群众。随后，越来越多的以健美操为主要形式的健身中心在社会上相继开业。随后 1988、1989、1990、1991 年先后在北京、贵阳、昆明、北京举办了四届邀请赛。1992 年 起改名为全国锦标赛，成为每年举办的传统赛事。

1992 年，中国健美操协会成立，使我国健美操运动进入了一个有组织、有计划发展的新时期。

发展历程：

20 世纪 80 年代初健美操传入中国；

1982 年年底上海电视台录制了娄琢玉的形体健美操、持环健美操等专题节目；

1983 年体育报增刊《健与美》；

1984 年北京体育学院成立了健美操研究组，并编排和推出“青年韵律操”。

1992 年中国健美操协会成立；

1995 年成立了健美操裁判委员会；

1996 年成立了教练员技术委员会；

1995 年推出健美操运动员等级制度；

1996 年在全国范围统一竞赛规则；

1987 年，北京举办了首届全国健美操邀请赛，随后 88、89、90、91 年先后在北京、贵阳、昆明、北京举办了四届邀请赛；

1992 年起改名为全国锦标赛，成为每年举办的传统赛事。

1992、1995 年在北京举办了两届全国健美操冠军赛。

1998 年，举办了全国锦标赛暨全国健美操运动会。

1998 年国家体育总局颁布了《健美操活动管理办法》；

1998 年推出《健美操指导员专业技术登记制度》和《全国健美操大众锻炼标准（试行）办法》；

2001 年我国开始执行《国际体操联合会 2001—2004 年健美操竞赛规则》

PART 3 目前状况

世界竞技体操的现状

男子体操

1. 各单项技术水平提高迅速

——不同类型的 SE 组动作发展较快（SE——直体后空翻两周转体 720 度高难空翻动作）

由于评分规则的多次修改及竞赛制度的改变，如举行世界单项锦标赛、取消规定动作的比赛等，加之受到国际社会因素的影响，有些体操发达国家的优秀运动员和教练员，流入原本总体实力不甚雄厚的国家。他们带去了先进的技术、科学的训练方法及手段，乃至宏观的管理模式。众多的因素给体操单项的发展提供了足够的空间，促进了单项技术的迅速提高。单项的突破也已逐渐成为不少国家的运动员在世界大赛中夺取奖牌甚至金牌的途径。如意大利的切奇、西班牙的卡巴罗、瑞士的李东华、朝鲜的裴吉洙、哈萨克斯坦的费多尔琴科、芬兰的坦斯坎宁都在各自的强项上展示了一批不同类型的 SE 组难新动作，显示了高超的水准，促进了单项技术的发展。

男子 6 个项目技术的发展不很均衡，鞍马、吊环、跳马、双杠和单杠发展相对较快，自由体操相对滞后。

——超 SE 组动作的发展处于相对稳定的状态

目前，有些项目的最高难度动作的发展处于相对稳定的状态，如：

自由体操的团身后空翻三周、直体后空翻两周同时转体 720°；吊环的直体后空翻两周转体 720°下；跳马的塚原屈体后空翻两周；双杠的大回环转体 450°、屈体后空翻两周成挂臂；单杠屈体后空翻两周越杠成悬垂、直体特卡切夫转体 360°越杠成悬垂、直体后空翻转体 180°下等。

2. 连接技术的发展使成套动作编排趋于紧凑、多变

规则的导向极大地鼓励了连接技术的发展。运动员通过高难度动作之间的直接连接，在获得难度加分的同时，也获得了连接的加分，目前这已成为运动员尽快提高起评分的重要途径之一。同时使成套动作的编排趋于紧凑、多变，则促进了连接技术的发展。

3. 对动作技术规格、姿态的要求日趋严格

在动作的技术规格方面，1997 年版的评分规则对动作技术规格要求甚高，对完成动作的度数和角度等作出了具体的规定，评分日趋严格。如吊环的力量性静止动作，在身体所处的位置以及停止的时间方面均有严格的要求。十字类动作的两臂必须与肩持平，包括倒十字。又如单杠的中穿，必须成手倒立才能判为 C 组动作。单杠除飞行动作以外，杠上动作须经倒立（包括转体动作），调整范围只允许控制在 15°以内，超出范围则将按规则扣分。

对动作姿态的要求也甚为严格，完成任何动作，均要求姿态优美。空翻动作、包括多周数的空翻，规则要求必须并腿、绷脚尖。

4. 对动作艺术性、优美性要求的力度加大

在完成动作的过程中，艺术性、优美性是动作技术、规格、质量和表现力的综合体现，是体操“美”的最高表现。运动员不仅要高规格地完成动作，而且还要用形体语言充分地表达动作的内涵。这是作为一名优秀的体操运动员应该具备的素质和能力，也是著名运动员与一般选手的差距所在。俄罗斯运动员涅莫夫，白俄罗斯运动员谢尔博、依万科夫，我国运动员李宁、童非、黄力平、张津京等在这方面都有上乘表现，给人以美的享受。

5. 动力性的动作逐渐成为体操动作的主流

1997 年版的评分规则对各项成套动作中的摆动、空翻、飞行等动

作的要求作出了具体的规定，包括最能显示男子力量素质的吊环项目也作出了相应的规定。如：自由体操规定“成套动作主要由技巧动作组成……”吊环规定“一套动作应由比例大致相等的摆动和力量静止动作组成……由摆动动作到静止力量动作或由静止力量动作到摆动动作的过渡是当代体操的显著特点”；双杠规定“一套出色的双杠自选动作，主要由众多结构组中选出的摆动动作和飞行动作组成……”单杠则规定“整套动作毫无例外大多由摆动动作组成……”等。

规则取消了“从一个比较困难的静止姿势开始，通过力量动作的连接，使后面的力量性静止动作升值”的规定。规则还取消了多个高难度（具有加分因素）力量性静止动作，通过力量的连接给予连接加分的规定。规则的变化鼓励了体操动作向着动力性的方向发展。

女子体操

1. 高难度

目前的规则明确规定，运动员的一套动作在具有1A、2B、2C、1D的难度后才能从9分起评。要想获得10分起评，运动员还必须通过增加的D、E组的高难度动作和高难度动作的特殊连接取得加分，加分最高可达1分。这一规定改变了近年来10分被贬值的状况，如在汉城奥运会体操比赛期间曾出现了50次的10分。而1997－2000年规则执行以来，尚未有选手在世界大赛中取得过10分的成绩。

高难度的另一表现是在现行规则中大批难度动作已被降组，只有那些技术十分复杂、对运动员身体素质要求很高的动作才被评为D或E组的高难度动作。

2. 高质量

规则在评分中将裁判员分为A、B两个组，A组负责出示成套动作“起评分”和为调整裁判员评分中差异过大的“控制分”，而由6名裁判员组成的B组则是对完成情况的错误进行扣分。这种裁判员组成和职能的分工，使评分工作更加准确。

高质量的另一表现是新规则对错误扣分进行量化，对各类型动作的技术、幅度等定出了较为客观具体的扣分标准。例如：对空翻转体和体操的转体动作，当转体角度不足或超过 0°～45°时扣至 0.15 分；在 45°～90°之间要扣 0.20 分，并且该动作不能给予加分；若角度相差 90°则该难度动作被降组，同时仍要加扣错误分。对技术错误程度和扣分进行量化，能使教练员、运动员和裁判员均对动作技术的高标准有明确和统一的认识，从而促进动作质量的提高。

高质量的要求还体现在对运动员所完成的动作不论其难度的高低均实行同一的质量标准。例如对要求成劈腿的跳步动作，两腿开度必须达到 180°，若分腿度数不足，在 180°～160°之间要扣至 0.15 分，而分腿小于 160°则该动作难度被降组，还要扣幅度不足的错误分，裁判员对运动员所完成的转体劈腿跳等高难度动作或简单的 A 组难度的原地劈腿跳均施以同一的质量标准。这使以往运动员仅注重高难度动作的表演，而把简单动作视做陪衬的忽略质量要求的状况有所改观，从而保证了成套动作的完美。

3. 多变化

规则明确规定各个项目的成套动作必须包含有不同结构组的动作，对于“重复动作”不仅不能得到任何提高难度水平的效果，反之，对重复动作将扣编排连接单一的错误分及其所出现的技术错误分。这是评分规则的一个重大突破，依靠重复完成相同的技术动作去取胜的发展途径已成过去，多变化的趋向将促进体操技术更全面地发展。

4. 重优美

女子体操历来重视表现女性美的特点，国际体联女子技术委员会反复强调突出女性美是女子体操的发展方向”。国际体联主席布鲁诺认为到 2004 年奥运会应将女子运动员参赛年龄提高到 18 岁，“这就意味着女子体操将倾向提高艺术和女子特有的优美性”。在规则中规定“对于动作表现理解的艺术性不足要扣至 0.30 分”。

对于美尽管不同的民族或地域有各自的观念和标准，而人类对美的向往与追求却是共同的。女子竞技体操有其运动项目所要求的美的标准，像身体姿态的开、绷、挺拔；动作表现的刚健与柔美相济；讲究完美的动作技术和幅度；音乐与动作配合的和谐等等。运动员在表演各自不同风格特点的动作时还必须充分考虑要与体操运动的服饰、器械及场地环境的特点相协调，这些都是在提高成套动作的艺术性和表现美的过程中要十分注意的。

世界健美体操的现状

国际体操联合会（FIG）：国际体操联合会成立于1881年，总部设在法国，原有体操、艺术体操等项目，于1994年接受健美操为其正式的比赛项目，并颁布了第一本竞技健美操竞赛规则，从1995年开始，每年举办“FIG健美操世界锦标赛”。随着规则的修订，从2000年起，每逢单数年举办一次世界锦标赛。1999年，国际体操联合会又合并了蹦床、技巧两个国际组织，成为拥有体操、艺术体操、健美操、蹦床、技巧、大众体操六个大项的单项体育组织。我国是国际体操联合会的正式会员国。

国际健美操冠军联合会（ANAC）：成立于1990年，总部设在美国，每年举办ANAC世界健美操冠军赛。

国际健美操联合会（IAF）：成立于1983年，总部设在日本，在1994年以前是世界上最大的国际健美操组织，目前有会员国近30个。每年举办IAF健美操世界杯赛。

国际体操联合会健美操委员会（FIG）在1994年接受健美操为其正式的比赛项目，国际体操联合会健美操委员会（FIG）是国际奥委会正式承认的国际体育组织，具有悠久的历史和把握项目发展方向的能力。

我国艺术体操和蹦床运动的现状

自1981年我国首次参加艺术体操世界锦标赛至今，艺术体操经历了20多年的发展历程，在2008年奥运会中中国队取得前所未有的突破摘得一枚集体银牌，尽管银牌里东道主优势分量有多少艺术体操资深人士不宜多言，依然对中国艺术体操发展前景抱有很大希望。纵观我国艺术体操的发展现状，并从训练体系科学化与完整化、提高教练员队伍水平发挥教练队伍年轻化的优势、成套动作的编排、后备力量的培养等方面进行了探讨，进一步展望了艺术体操的发展趋势及中国竞技性艺术体操的发展方向。

虽然蹦床运动在中国的起步较晚，但是，由于有良好的体操竞技基础，蹦床在中国的发展非常迅速，

目前中国有条件的省市纷纷成立了自己的队伍，吸收体操、跳水和技巧等项目的选手参赛。国家体操管理中心在天津设立了国家蹦床训练基地，并将天津、湖南、江苏、上海、广东、福建和重庆等省、市为中国蹦床运动 10 个重点布局单位。

我国健美体操的现状

2005 年 7 月 24 日，德国杜伊斯堡，第七届世界运动会上，中国竞技健美操队获得了六人操项目的金牌，这是中国在历届大赛中获得的第一枚竞技健美操金牌，实现了历史性突破。但是也存在着一定的问题，影响着我国竞技健美操的发展。问题主要体现在以下四个方面：

运动员情况

目前我国的竞技健美操主要在全国高校和少数的行业体协开展，各省市没有像其他运动项目那样以体工队形式存在的队伍，现有的这些竞技健美操队绝大多数是业余运动员，在大学和各行业的这些运动员，平时以读书或工作为主，有比赛任务时，才开始临时训练，其运动水平不可能在短期内有较大的提高，因此运动水平长期停留在一个层面或者进步非常缓慢，而且据调查，38 支竞技健美操运动队中，有 34 支队伍运动员是其他项目改练竞技健美操的，有 4 支队伍中的运动员没有从事任

何项目的训练，所以与世界上竞技健美操发展较好的国家相比，无论是在身体素质，专业技术，艺术表现力；还是在动作设计，完成动作质量等各个方面都存在着较大的差距，所以我国运动员应该从难度和动作设计以及成套动作的创新与完成质量方面入手，培养具有独特风格的运动员，突出动作、音乐、服饰的融洽和谐，突出民族风格和民族特色。

非专业教练员

我国竞技健美操运动队中的教练员，很少有直接从事竞技健美操教练工作的，而大多是从其它项目转项的。那些从竞技体操、艺术体操、舞蹈等项目转项的教练，大部分虽然经过专业培训，有的还参加了比赛和训练，但从专业深入发展要求的角度来讲，他们的专业素质、业务能力还是较为欠缺的，尤其是对音乐、服饰的理解和领悟。此外，教练的“业余性”，导致了没有大量的时间来探究训练的合理方法。

运动员的训练情况

目前，由于竞技健美操不是奥运会项目，国家的投入非常有限，各级体育部门出于奥运争光的考虑，在设项布点上偏重于奥运项目。因此，开展竞技健美操运动存在着许多不利因素。此外，没有正规的供竞技健美操比赛用的场地，这些因素都不利于竞技健美操的进一步发展与提高。

滞后的科学训练与理论研究

当今社会是科学技术飞速发展的时代，任何一个运动项目水平的提高及发展都离不开科学的理论研究。目前有关竞技健美操的研究，数量不多，研究深度及涉及面不广，研究的方法多为观察法、文献法、调查法等，研究的内容多为宏观方面。对训练理论、训练方法、训练大纲、选材等方面尚未进行深入研究。这些因素也影响了我国竞技健美操的发展。

PART 4 竞赛规则

竞技体操的竞赛规则

竞技体操的比赛共分四种：

第一种是团体和个人资格赛。各个奥委会可派由 4 到 6 名运动员组成的队或个人参加。在每个项目的比赛中，每队派出 5 名队员上场，取 4 个最好成绩相加作为该项目成绩，各项目成绩相加作为团体成绩。第一种比赛成绩不带入决赛。

第二种是个人全能决赛。在团体和个人资格赛中获全能成绩前 24 名的运动员参加该赛。以全能决赛成绩决定全能名次。

第三种是单项决赛，在团体和个人资格赛中获各单项成绩前 8 名的运动员参加单项决赛，以各单项决赛的成绩决定单项冠军。

第四种是团体决赛，在团体和个人资格赛中获团体成绩前 8 名的队伍参加该赛。在每个项目上，每队派 3 名运动员比赛。即：比赛采用 5 –3 –3 制，每个项目的 3 个分数都记入团体成绩。以团体决赛的成绩决定团体冠军。

男子比赛项目 6 个：自由体操、跳马、鞍马、吊环、双杠、单杠；

女子比赛项目 4 个：自由体操、跳马、高低杠、平衡木。

男子项目

自由体操

在男子体操里，自由体操的规定时间是 50 到 70 秒，没有配乐。和其它体操单项比赛一样，评分是根据规定动作的难度，编排和整套动作的完成质量。裁判检查所有的规定动作是否都完成，根据难度来确定起评分。运动员要求在整套动作中尽量利用整块场地，和女子自由体操不同的是在落地的时候必须双脚同时落地，并且不能前后分开，向前的跳跃和落地分腿都会扣分。

鞍马

现代鞍马成套动作的主要特征是利用鞍马的所有规定部位，用不同的支撑姿势完成不同的全旋摆动动作（分腿或并腿）、单腿摆动和（或）交叉。允许有经手倒立加转体或不转体的动作，所有动作必须用摆动完成，不能有丝毫的停顿，不允许有力量动作或静止动作。

运动员必须从站立姿势开始，允许做第一个动作时走上一步或跳起撑鞍马。动作评分从运动员的手撑鞍马开始。

吊环

一套吊环动作应由比例大致相等的摆动、力量和静止部分组成。这些动作之间的连接是通过悬垂、经过或成支撑，经过或成手倒立来完成的，以直臂完成动作为主。由摆动到静止力量或由静止力量到摆动的过渡是当代吊环项目的显著特点。环带不允许摆动和交叉。评分从运动员脚离地做第一个动作开始。运动员可从静止站立跳起开始比赛，或在教练员的帮助下成双手握环悬垂双腿并拢的良好静止姿势开始比赛。不允许教练员帮助运动员起摆。

吊环决赛时每队最多两名运动员参赛，只有在团体赛中吊环成绩排位前八名或前六名者才有参赛资格。只比自选动作。将运动员在团体赛中规定动作与自选动作总得分的二分之一，加上吊环决赛中自选动作的得分，作为最后得分排列名次，得分高者名次列前。满分为 20 分。从 1992 年奥运会起，团体分不带入单项赛，仅以自选动作的比赛成绩确定名次。满分为 10 分。1896 年被列为奥运会比赛项目。

跳马

男女运动员跳马的助跑距离最长为 25 米。所有跳马动作必须通过用手推撑跳马来完成。第一次跳马结束后，运动员应立即返回到开始位置，出示信号后，再进行第二次试跳。

以男子跳马（“A”分）为例，运动员在资格赛、团体决赛和全能决赛中必须完成一个跳马动作。想获得跳马决赛资格的运动员在资格赛中必须跳两个动作，这两个动作必须是不同结构组成的动作，而且第二腾空动作不能相同。

在完成每一次跳马动作之前，运动员必须向A组裁判员显示该动作在规则中对应的动作号码。号码显示牌可由他人帮助完成，出现显示错误时不对运动员进行处罚。

如发生下列情况之一，则A组裁判员和B组裁判员出示零分：

（1）运动员有助跑，踩了助跳板和/或触及马而没有做动作；

（2）助跑中断，运动员返回第二次助跑，所跳的动作极差以至无法辨认或脚蹬马；

（3）运动员任何一只手两次撑马；运动员跳过没有支撑过程，即两手都没有触马；

（4）运动员没有用脚先落地，这意味着至少有一只脚必须在身体其它部分之前接触垫子；

（5）运动员故意侧向落地；

（6）静止动作、分腿动作、第一腾空有空翻，上板动作前做动作；

（7）在资格赛中，运动员想获得单项决赛资格及在单项决赛中，运动员在第二跳时，重复第一跳的动作。

双杠

现代双杠动作主要由摆动动作和飞行动作组成，并通过支撑和悬垂动作的变化来反映运动员在该项目上的能力。

运动员做双杠上法或动作开始前的助跑，必须从双腿并拢站立姿势开始。运动员单手或双手一接触杠子，则表示动作开始，双脚离地开始评分。做上法时摆动一条腿、迈一步是不允许的，即双脚必须同时离地。做上法时，允许在常规落地垫上放置踏跳板。

单杠

现代单杠动作是运动员运用各种握法，流畅地完成半径长短不同的摆动、转体和飞行动作。

运动员必须从双腿并拢静立或加助跑，跳起抓杠或由别人帮助上杠；上杠后身体静止或悬垂摆动，但要保持良好的姿态。评分从运动员离开地面开始。

女子项目

自由体操

在女子体操里，自由体操的规定时间是70到90秒。动作是预先编排好的，由技巧动作和舞蹈动作组成。这个项目和其它项目不同之处在于允许体操运动员通过舞蹈和音乐自由表达她们的个性。

动作的组合是由运动员和她们的教练决定的。很多国家队聘请了专门的编排专家为运动员设计整套动作。著名的自由体操编排专家包括Adriana Pop（曾为罗马尼亚、法国和中国队编排动作），Nancy Roche（曾为美国队编排动作）和Geza Pozar（曾为罗马尼亚和美国队编排动作）。也有一些是自己编排动作。有的运动员每年更换一套自由体操动作，而有些在几个赛季里保持同一套动作。通常，一个运动员不会在一个赛季里同时使用一套以上的自由体操高难度动作。但是也有例外，如1996年奥运会，俄罗斯的Dina Kotchetkova在全能比赛和自由体操单项决赛中使用的是不同的音乐和两套不同的动作。

从1958年第10届世界体操锦标赛开始，规定女子自由体操必须有音乐伴奏。音乐的选择也是由运动员和她们的教练决定的。音乐原则上可以是任何乐器演奏的任何音乐风格，但是要求无伴唱。运动员和教练负责将自由体操的CD或磁带交给比赛的工作人员。

整套动作设计通常包括3到5个空翻组合和一些舞蹈技巧，旋转和跳跃。根据体操计分规则，运动员必须从五个规定的动作组里面选择动作，包括至少540度的旋转，空翻两周，向前和向后的空翻。

评分是根据规定动作的难度，艺术性，感染力和整套动作的完成质量。缺少规定动作，动作没有按要求完成，失误等等都会扣分。与男子比赛不同，女子比赛在落地的时候允许一脚在前，另一脚在后。运动员要求在整套动作中尽量利用整块场地，但是，出界是严重的失误，要被扣分。

运动员在自由体操比赛时允许擦镁粉并可以带护腕。女子自由体操自 1952 年起被列为奥运会比赛项目。

高低杠

高低杠高杠高 2. 4 米、低杠高 1. 6 米、两杠之间的距离为 1. 6 米。规则中对成套动作的不同难度的组合要求、低杠和高杠之间的转换次数以及腾空动作的难度、转体的难度均有具体的要求。

高低杠是在 1952 年的奥运会上才出现的。在此之前，女子运动员用的是和男子一样的双杠。由于双杠对肩臂力量要求很高，女子运动员的双杠表演不尽人意，因而才出现了为女子运动员设计的高低杠。高低杠运动可以更多地利用摆动和惯性，而不是纯粹的肩臂力量，更适合女子运动员。

高低杠中的高杠约 2. 3 米，低杠约 1. 5 米，高、低杠间水平距离约 0. 45 米，（水平距离可由运动员根据自己身材或习惯在 0. 25 米范围内调节）。运动员调节好距离后，往往会在手上、杠上涂些防滑粉。

高低杠比赛中，运动员通常是从一块有弹性的跳板开始，通过会有一系列的摆动、回环动作，并运用转、跳等特殊动作在高、低杠间移动。高低杠运动必须流畅，不能有停顿（停顿会被扣分）。动作可能包括双手离杠的筋斗、转体等 17 – 18 个不同动作，通常会在一分钟内完成。

高低杠比赛的评分主要看动作编排、握杠方法、移杠方式以及动作难度等。下法（落地前的最后动作）同样是高低杠比赛中的精彩部分，落地必须能够控制自己的身体，靠跨步或跳跃帮助平衡都会被扣分。

高杠之间的转换次数以及腾空动作的难度、转体的难度均有具体的要求。

平衡木

1. 必做动作

通常一套平衡木动作都由教练和运动员编排而成。在编排上没有什么特别的限制，但是运动员必须完成一些规定动作。这些动作包括 360°转体，一个分腿 180°跳，向前和向后移动等。运动员还必须完成一个“飞行组合”，两个或更多连续的技巧动作的组合和“综合组合”，两个或更多连续的舞蹈动作和技巧动作的组合。

2. 时间限制

根据国际体操联合会的规则，一套平衡木的时间限制是 1 分 30 秒。时间显示在积分牌上，运动员和裁判都可以看见。在竞赛的时候，时间到了 1 分钟 20 秒的时候会有一个铃声作为提示。如果运动员没有在 1 分 30 秒之前结束竞赛，另一个铃声会响起，这套动作将被扣分。

3. 动作要求

平衡术的成套动作从双脚离开踏板或垫子时开始计算。不允许在踏板下加入支撑物。当选手第一次助跑没有接触到踏板器械时，允许选手进行第二次助跑完成上法。在第二次助跑后选手如果依然没有成功完成上法，则选手必须直接上到器械上开始完成成套。上法（没有出现在难度表中）失误会直接扣除编排分，但如果选手之前都没有接触到踏板或器械，则不追加扣分。

4. 罚分扣分

超出规定时间 0 ~ 2 秒，扣 0. 1 分；

超出规定时间 2 秒以上，扣 0. 3 分。

—规定时间外（90 秒后）完成的动作可以被 A 组裁判认可并由 B 组裁判进行评分。

计时员将选手超出规定时间的情况通过书面报告的形式提交给器械裁判主席，并由他从最后得分中扣除。

5. 无价值时间

（1）当选手在完成动作时掉下器械（此时动作已进行了 X 秒），会有 10 秒的无价值时间（计时从选手双脚落地时开始）。无价值时间不计入成套总时间（不算入成套 90 秒动作时间）。

（2）当选手身体离开体操垫，重新回到器械上时，无价值时间结束。

（3）选手重新回到器械上，继续完成成套动作，此时开始计时（指选手还有从 X 到 90 秒的完成动作时间）

（4）无价值时间将以每秒计数的形式显示在记分牌上，当无价值时间结束（10 秒）时会给出提示信号。

如果选手在 10 秒内没有回到器械上，成套将被认为结束。

跳马

男女运动员跳马的助跑距离最长为 25 米。所有跳马动作必须通过用手推撑跳马来完成。第一次跳马结束后，运动员应立即返回到开始位置，出示信号后，再进行第二次试跳。

艺术体操的竞赛规则

比赛分类

团体赛

每队 3 名运动员参赛，完成 4 套不同器械的自选动作，每项满分 10 分。以 3 名运动员得分总和计算成绩，最高分 120 分，总分高者为胜。

个人全能赛

团体赛全能成绩进入前 26 名的运动员有权参加，每队最多 2 名，完成 4 套不同器械的自选动作，每项满分 10 分。以 4 套动作得分总和计算成绩，最高分 40 分，总分高者为胜。

个人单项赛

团体赛各单项成绩进入前 8 名的运动员有权参加，每队最多 2 名，以单项决赛的得分计算成绩，最高分 10 分，得分高者名次列前。

比赛要求

音乐时间为 1 分 15 秒至 1 分 30 秒。每套动作的技术价值由 10 个最高价值的难度来决定的。在运动员所完成的 10 个最高价值难度中，至少有 5 个难度动作是属于各项器械所要求的规定身体动作组，并且要与器械特有的技术动作紧密结合。

主要赛事

艺术体操的正式比赛分为：个人锦标赛和集体锦标赛。

国际体操联合会认可的比赛。

奥林匹克运动会世界锦标赛：单数年是个人锦标赛，双数年是集体锦标赛。

洲际赛：分为四大洲（美、亚、非及大洋洲）和欧洲锦标赛

国内的比赛（每年都有一次）：全国锦标赛、全国冠军赛、全国少年组比赛

竞赛项目

个人项目

通常包括4套动作，即五个项目（绳、圈、球、棒、带）中的4项。如2000年是除棒以外的四个项目（因为棒在集体中使用了）。

每套动作时间为1分15秒至1分30秒。

集体项目

由五人组成的集体，包括两套动作：同种器械和不同种器械，每二年换一次器械。如2000年的是10棒和二圈三带。

每套动作时间为2分15秒至2分30秒。

计时

计时表是从运动员或集体队第一名运动员开始做动作时计时，当运动员或集体队的最后一名运动员完全静止时停表。

超过或少于规定的时间，每秒扣0.05分（由助理裁判员执行）。不足一秒不扣分。

个人项目规则

音乐时间为1分15秒至1分30秒，超出或不足1秒扣0.05分。

每套动作的技术价值是由10个最高价值的难度来决定的。

在运动员所完成的10个最高价值难度中，至少有5个难度动作是

属于各项器械所要求的规定身体动作组，并且要与器械特有的技术动作紧密结合。

如果一个联合动作属于规定的身体动作时，该联合动作中至少有50%的动作应该由规定身体动作组的难度构成。

集体项目规则

运动员人数：每套动作必须由5名运动员来完成。

服装：体操服必须一致（面料、样式及图案）。全队5名运动员服装的颜色要一致。

器械：

（1）动作开始时，每个运动员可持一个器械并与其保持接触，也可以由1名或几名运动员持5个器械。从动作一开始将器械抛或传递给同伴。

（2）动作结束时，每名运动员必须手持或与5个器械中的1个接触，也允许几个运动员共有1个器械或1名运动员手持或接触几个器械。

技术价值

每套动作的技术价值是由10个最高价值的难度（无论是否交换，单独的或者联合动作）来决定的。总分为10分，每个难度最多为1分。

至少要有5个交换难度动作。每缺少一个难度动作扣0.20分。

难度价值：

（1）无交换的难度价值规定如下：A：0.10 B：0.20 C：0.30 D：0.40 E：0.50

（2）器械交换的难度价值规定如下：

A难度交换=0.30分（A难度0.10分+交换难度分0.20分）

B难度交换=0.40分（A难度0.20分+交换难度分0.20分）

C难度交换=0.50分（A难度O.30分+交换难度分0.20分）

D难度交换=0.60分（A难度0.40分+交换难度分0.20分）

E难度交换=0.70分（A难度0.50分+交换难度分0.20分）

只有抛的交换才被看做是交换难度。

身体动作难度决定交换的水平。如果在同一个交换动作中完成了两个难度动作，则可将两个难度动作的分值相加，最多1分。

艺术价值

艺术价值最多为10分，其分配为：音乐2分，舞蹈8分。

整套动作必须在音乐伴奏下完成，如果编排需要，允许极短暂的、有意的停顿。音乐伴奏可以使用一种或者几种乐器，其中嗓音也可以作为一种乐器（没有歌词）。凡具有伴奏艺术体操动作的特点（构思清晰明确）的乐器均可以使用。一套动作可以由一名乐师伴奏，也可以用盒式录音带或CD伴奏。

音乐时间为2分15秒至2分30秒。超过或少于规定的时间，每秒扣0.05分。不足1秒不扣分。

舞蹈的特点应该是，从始至终尽可能用身体动作、器械动作以及运动员之间、运动员和器械之间、所有器械之间的关系来表达一个主题思想。

集体项目的典型特点是参赛的每个运动员要有合作精神，并且和谐一致地完成动作。编排必须清晰地体现这种合作精神，在所有运动员之间，通过动作来体现这种精神。

每套编排要用不同的方式来体现“运动员之间的关系或配合”和“团体动作”，除器械交换关系外，还要有各种团体性动作。

（1）当所有运动员完成同样的动作时：

团体动作快速连续；

团体动作一致；

团体以“轮唱”的形式完成动作；

团体有对比地完成动作。

（2）当所有运动员或小组完成动作时：

团体如同合唱队十分协调地完成动作；

团体有配合地完成动作。

在编排中，不得过分强调这些类型团体动作中的任何一种，应均衡使用。

（3）不允许的动作：

①托举一名运动员；

②在地面牵拉一名运动员；

③从一名或几名靠在一起的运动员身上踩过；

④旋转一名平躺在地上的运动员；

⑤叠罗汉；

⑥在一名或几名靠在一起的运动员身上做一个或几个滚动，与地面无接触。

蹦床运动的竞赛规则

项目规则

个人比赛中运动员要完成 3 套动作，每套由 10 个动作组成。一套蹦床动作的特点主要表现在动作的高飘，动作之间富有节奏的连接和变换，包含双脚起跳、背弹、腹弹、坐弹动作，全套动作中间没有停顿和中间跳。一套蹦床动作应由各种向前、向后的空翻转体或非转体的空翻动作组成。运动员全套动作应表现出优美的身体姿势、正确的动作技术、理想的高度和良好的身体控制能力。

比赛要求

比赛时，不允许运动员佩戴珠宝首饰及手表。女子运动员在比赛中必须穿白袜子。违反者将被取消该轮比赛资格。

每位参赛者可以有 1 名教练员上场保护；任何情况下，在网的四周不得超过 4 名保护者。

裁判长发出信号后，运动员必须在 1 分钟内开始做第一个动作，否则要扣分。运动员做动作时，除分腿跳动作外，其它动作都要求两脚和双腿并拢，脚尖绷直。根据动作要求，身体姿态可采用团身、屈体或直体。

扣分规则

比赛中，由于动作姿势欠佳，每个动作扣0.1~0.5分；

单手或双手触网，扣0.4分；

双膝或双手和双膝触网、坐网、趴或后躺触网，扣0.6分；

触及弹簧、护垫、蹦床框架或安全台部位，扣0.6分；

落或摔倒在弹簧、垫子、蹦床框架或安全台、保护垫上，扣0.8分；

落或摔倒弹出蹦床，扣1.0分；

比赛中保护人员或教练员与运动员讲话或给予暗示，每次扣0.3分；

在一套动作中，每出现一次中间（直体）跳，扣1.0分；附加动作扣1.0分；

超过规定时间扣0.1~0.3分。

技巧体操的竞赛规则

竞赛项目

技巧竞赛项目是：女子单人、男子单人、男子双人、女子双人、混合双人、女子三人、男子四人共7项。

竞赛性质

竞赛性质可分为3种：

（1）个人竞赛；

（2）团体竞赛；

（3）个人及团体竞赛。每一次竞赛性质由国际技联执行委员会规定。

竞赛内容

竞赛内容一般包括预赛和决赛。第1种比赛——预赛：自选动作两套，难度为9.0分。双人和集体项目：一套平衡动作，一套动力性动作。单人项目：一套空翻，一套空翻转体。第2种比赛：联合套路，基本难度为8.5分。第3种比赛：①决赛：第1套自选动作，基本难度为8.5分。②决赛：第2套自选动作，基本难度为8.5分。

比赛应有音乐伴奏，用盒式录音带。必须将音乐分别录在每一盘磁带的开头部分，不允许用带歌词的伴奏。每一套动作的时间不超过2分30秒，联合套路时间不超过3分钟。但男女单人项目及男子的第1套不用音乐伴奏。

所有参加第1种比赛的运动员都可参加第2种比赛。在双人和集体项目中，第1种比赛第1套的前6名参加第3种比赛a。第2套比赛的前6名参加第3种比赛b。在单人项目中，各6名运动员参加第3种比赛a和b，但每一种比赛每个国家只能参加1人。

运动员年龄的规定

参加成年组比赛的运动员年龄在比赛之年不小于14岁，参加少年比赛的运动员年龄为12～18岁，参加比赛的运动员应是代表该国家的公民。

运动员服装的规定

女子穿体操服，男子穿背心或短袖衫和短裤或长裤或连衣裤，运动员服装上必须佩戴国徽，以及运动员可以赤脚或穿体操鞋。不允许带花、亮片、花边、胸饰等装饰品。双人和集体项目运动员必须穿同样颜色和样式的服装。

名次评定

个人全能的优胜者以各项第1种比赛中的2套预赛动作和第2种比赛的联合套路的得分总和计算。各项单套的优胜者以在第1种和第3种比赛中1套预赛动作、1套决赛动作的得分总和计算。团体总分则以全能成绩最高的5项得分总和评定名次（男女单人项目各计算1人）。

运动员的权利与职责

运动员的权利为：第1套动作比赛前，准备活动为5～7分钟；第2套动作比赛前，准备活动为3～5分钟；在比赛场地做准备活动。如果不是由于运动员的原因，未能完成某一动作时，经裁判长建议，仲裁可允许做第2次。运动员职责为：了解并遵守比赛规则；讲礼貌；在比赛前30分钟做好比赛的准备；比赛前1天将自选动作的图解说明交总裁判；以及听从仲裁委员会的一切指导。

PART 5 场地设施

竞技体操的场地设施

男子项目

自由体操

场地为12平方米的正方形，由特制的弹性板镶拼而成，称自由体操板，富有弹性。板面铺清一色地毯。四周用内高外低的斜面软塑板围边固定。场地边线为白色，宽10厘米，包括在12平方米之内。

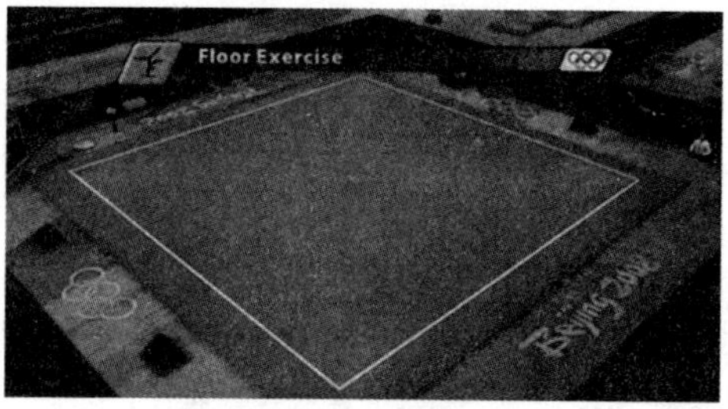

自由体操场地

鞍马

鞍马

高120厘米，长160厘米，宽35厘米。表面为皮革，内衬有一定软度的弹性物质。马背中央安一对木质活塑制的鞍环，高12厘米，环的两边角呈弧形、中间平。环间距40～50厘米，环距可调节。马腹下装有铁钩，通过钢链与地面绷紧、固定，以防移动。

吊环

为两木质或塑制圆环，环粗2.8厘米，内直径18厘米。两环通过皮带系连在两条强力钢丝绳末端。链接点安有一个起缓冲作用的弹性装置。钢丝绳上端通过一小纵轴固定悬挂在580厘米高铁质立架的横梁上，两环下缘离地255厘米。两环绳悬挂点距离为50厘米。立架用钢索从两立柱上端向外斜拉至地面四角，绷紧，使之垂直固定地面。

跳马

马长160厘米，宽35厘米，高为135厘米，为纵马。马背的两边角稍呈弧形。马身用皮革包面，内衬有弹性物质，通过两立柱固定在X形的底盘上，立柱可升降。马腹正中装有铁钩，通过铁索与地面绷紧、固定，以防移动，另配有助跳板，以助练习者使用。板面呈弧方形斜坡状，最高处高20厘米，表面贴毡，可防滑；板下安弹簧和弓形板，板高0.2米至0.3米，用胶合板制成，有一定的弹性。所有跳马动作必须用双手撑马，助跑的长度根据个人安排。

双杠

双杠

双杠的场地要求务必平整结实，否则容易导致练习者受伤。地面上还要有垫子，垫子的厚度要求在0.18米至0.22米之间即可。垫子可以在练习者下杠的时候进行缓冲，减少脚部和腰部扭伤的机率。

双杠由4根立柱架设两根平行的木制横杠制成，杠长350厘米，高175厘米，可升降。

单杠

器械为两柱横架一杠，由四条钢索从两立柱上端向外斜拉绷紧、固定于地面。杠高255厘米，长240厘米。杠呈圆形，直径2.8厘米，由镍、铬钢制成，富有弹性和韧性。立柱可升降。

注：男子项目中，除鞍马周围的垫子为10厘米厚，其它四个器械项目周围所用垫子均为20厘米厚。

女子项目

自由体操

场地为12平方米的正方形，由特制的弹性板镶拼而成，称自由体操板，富有弹性。板面铺清一色地毯。四周用内高外低的斜面软塑板围边固定。场地边线为白色，宽10厘米，包括在12平方米之内。

高低杠

一对高低不同的两支柱横架、一对平行圆木杠构成高低两杠。四杠端各由钢索向外斜拉至地面四角，紧绷、固定。高杠高度为245～250厘米，低杠高度为165～170厘米。两杠间距可至170厘米，杠距可通过连接高低两立柱的伸缩杆调节。杠的截面为圆形，杠中穿有弹性钢筋，使两杠既有弹性又有韧性。

平衡木

场地

场地要求平坦，防止出现意外的脚部或者腰部受伤。还要有良好的通风条件，这样有助于运动员发挥出最高水平。场地上还要有厚垫子，因为平衡木很容易出现意外跌落的情况，而且在下木的时候，需要有一定的缓冲。

设施

木长为500厘米，高125厘米，木面宽10厘米，木外包有一层粗毛面，内衬薄泡沫塑料的人造革，使表面粗糙并有一定的软度。近两木端处，各有固定的铁制桥形支架，向外斜撑地面。支架上装有伸缩杆，可固定和调节平衡木的高度。

服装

服装要正规，不允许佩戴装饰物，以免造成意外的伤害，如果是集体竞赛，还要统一服装，以利于竞赛的进行。

跳马

马长160厘米，宽35厘米，高120厘米，为横马。马背的两边角稍呈弧形。马身用皮革包面，内衬有弹性物质，通过两立柱固定在X形的底盘上。立柱可升降。马腹正中装有铁钩，通过铁索与地面绷紧、固定，以防移动，另配有助跳板，以助练习者使用。板面呈弧方形斜坡状，最高处高20厘米，表面贴毡，可防滑；板下安弹簧和弓形板。

注：女子三个器械项目周围所用的垫子为12厘米厚。

艺术体操的场地设施

比赛场地

露天竞赛场地

艺术体操场地与自由体操场地相近似，场地上铺一层地毯，地毯下面有一层弹性适中的衬垫。

馆内竞赛场地

艺术体操场地：艺术体操场地与自由体操场地相近似。场地上铺一层地毯，地毯下面有一层弹性适中的衬垫。比赛场地13米×13米，场地四周有宽度至少4米的安全区域。比赛馆的高度至少8米。竞赛场地与观众之间必须至少有40米的安全距离。

器械装备

1. 绳

采用麻或合成纤维制成，可染成除金、银、铜以外的其他颜色。长短同运动员身高。两端有小结头，中段可缠布条或胶布。比赛由过绳跳、摆动、绕环、8字、抛接、跳跃、平衡以及各种交换绳握法等动作编排而成。

2. 球

采用橡胶或软塑料制成，可选用除金、银、铜以外的其他颜色。直径 18 ~ 20 厘米，重 400 克以上。比赛由拍球、滚动、转动、绕环、8 字、抛接、跳跃、平衡以及旋转等动作编排而成。

3. 棒

采用木材或合成材料制成，可染成除金、银、铜以外的其他颜色。全长 40 ~ 50 厘米，重 150 克以上，形状如瓶，细端为颈，粗端为体，顶端为头。比赛由绕环、空中转动、抛接、摆动、跳跃、平衡以及敲击等动作编排而成。

4. 带

由棍、尼龙绳或带构成。棍可采用木、竹、塑料或玻璃纤维等材料制成，带可采用缎或类似材料制作，可选用除金、银、铜以外的其他颜色。带长 6 米，宽 4 ~ 6 厘米，重 35 克以上。棍长 50 ~ 60 厘米，直径不超过 1 厘米，一端有金属环，与绳或带相连。比赛由绕环、螺形、抛接、摆动、跳跃、平衡、转体、8 字以及蛇形等动作编排而成。

5. 圈

采用木材或塑料制成，可染成或选用除金、银、铜以外的其他颜色。横断面可以是圆形、方形、椭圆形等。内径 80 ~ 90 厘米，重 300 克以上。比赛由滚动、转动、8 字、绕环、抛接、旋转、钻圈以及平衡等动作编排而成。

服饰装饰

体操服装一定要端正，不能透明，可以带袖或者不带袖。背带式体操服不允许使用。体操服上不允许有闪光片、饰带、花边等任何装饰品；可以赤脚或者穿体操鞋。如果是团体竞赛，体操服要求统一协调。

音乐选择

艺术体操的不同动作，将由不同的音调、力度、旋律、音速予以表现。

（1）选择伴奏曲时，根据艺术体操的动作特点，一般选用 4/4、3/4 或 2/4 拍；

（2）幅度小动作如走步配以不同的力度和音速的进行曲，跑步常用小快板，如柔软跑，幅度小、用力的动作，音乐多用2/4拍，同时配以轻陕、跳跃感如快板的音乐；

（3）幅度大速度稍快，节奏明显的动作，如踏跳步练习，幅度较大，伸展柔和抒情连贯的动作，可配以3/4或4/4拍的音乐，突出抒情、圆润、连贯、流畅的特点；

（4）速度稍慢而连贯的动作，可两拍或四拍做一个动作，中速较连贯的动作，多用4/4拍，两拍音乐做一个动作，如移重心加上手臂的摆动环绕练习；

（5）动作慢幅度大的动作，多用快板；

（6）力度大的腾空、大跳、大抛等动作，多配以力度较大，宽广向上的音乐；

（7）快而突然的动作，音乐注重活泼、快速、力度对比强；

（8）紧张强烈的动作，音乐也要紧张，动作完成后的放松，音乐最弱。激烈的动作要用不连贯的节奏、断奏的音乐。动作节拍完整，音乐也不要用单拍。动作速度发生变化时，音乐要随着速度的快慢而渐快渐慢相应变化，肌肉的紧张程度发生变化时，音乐伴奏的力度也要相应的发生变化，随之渐强渐弱，如华尔兹组合动作音乐3/4中速。

总之，动作要与音乐相配合一致，共同表现出韵律、节奏，使操有音乐的情绪美，音乐有操的流动感，以充分突出形体优美的表现力。

蹦床运动的场地设施

蹦床的边框由金属制成，长5.05米，宽2.91米，高1.15米。跳跃区长2.15米、宽1.08米。蹦床网面用尼龙或其它相近韧性材料制成，周围用112个弹簧牵拉固定，长4.028米、宽2.014米。在蹦床两边的边框上分别铺有垫子，具有保护作用。

PART 6 项目术语

竞技体操术语

人与器械关系的术语

前、后、左、右：器械在人体前面的为前，器械在人体的后面的为后，器械在人体的左边的为左，在右边的为右。

正、侧：肩轴与器械轴平行的状态为正，肩轴与器械垂直的状态为侧。

内、外：人体在双杠或高低杠之间为内，两杠之外为外。此外人体在移出器械同时加转体动作时，胸向器械内转体为“内转”，反之为“外转”。

远、近：是指人体与器械部位的距离来确定器械的部位名称，。器械靠近人体的部分为近，反之为远。如在双杠前（或后）正立时，靠近人体的一杠为近杠，另一杠为远杠。

纵、横：人体的肩轴与器械垂直时为纵，平行时为横。如横箱、纵箱等。

动作方法术语

握手：手握体操器械的方法。

正握：两手虎口向内或向前握器械。

反握：两手虎头向外握器械。

正反握：一手正握，一手反握。

内握：（从内握）：掌心向外，手从杠下握双杠内侧的握法。

外握：（从外握）：掌心向内，手从杠下握双杠外侧的握法。

交叉握：两臂交叉握器械。

宽握：两手间距离明显大于肩的握法。

窄握：两手间距离明显小于肩的握法。

悬垂：人体肩轴低于器械轴，对器械产生拉力的悬挂姿势。悬垂分为单纯悬垂和混合悬垂。

单纯悬垂：身体的一部分悬挂在器械上的悬垂。如单杠的悬垂等。

混合悬垂：身体的一部分悬挂在器械上，同时还有其他部分附加在器械上或地面上的悬垂。如单杠的左挂膝悬垂等。

支撑：人体肩轴高于器械轴，对器械产生压力的支撑姿势。支撑分为单纯支撑和混合支撑。

单纯支撑：身体的一部分支持在器械上的支撑。如双杠的支撑、挂臂撑。

混合支撑：身体的一部分悬挂在器械上，同时还有其他部分附加在器械上或地面上的支撑。如双杠的分腿坐撑、挂臂分腿俯撑等。

倒立：在支撑中，头在下、脚在上的一种垂直姿势。如头手倒立、肩倒立、手倒立等。

摆动：来回一次的摆。如双杠的支撑摆动等。

弧形：经伸展身体，使身体重心远离支点并沿抛线轨迹运动的动作。如单杠的支撑后倒弧形下等。

转体：身体绕人体垂直轴转动的动作。如单杠的骑撑后腿向前摆越转体 180 度成支撑等。

回环：身体绕器械轴（握点连线）转动一周的动作，如单杠的骑撑前回旋、支撑后回旋等。

上：通过一定的方法，从较低的部分（或地面）到器械较高部位的动作。如单杠的翻上、双杠的挂臂屈伸上等。

倒（下）：肩部有倾倒，身体自上而下弧形的动作。如单杠的骑撑后倒挂膝上等。

摆越：腿在器械上或器械下越过的动作。如单杠的支撑单腿向前摆越成骑撑等。

腾跃：整个身体腾空从器械上越过的动作。如山羊分腿腾跃等。

滚翻：身体某些部分（或只有肩）依次接触器械或地面并经过头部分翻转动作。如技巧的前翻、双杠的挂臂（挺身）后翻滚等。

手翻：用手和（或）头推离地面并经过头部的翻转动作。如技巧的头手翻、前手翻等。

空翻：人体腾空后经过头部的翻转动作。如技巧的后空翻等。

全旋：在支撑状态下单腿或双腿绕垂直轴做绕环一周及一周以上的圆形动作。如技巧的蹲撑单腿全旋等。

动作相互关系的术语

同时：身体的不同部分或动作（技术）与动作（技术）之间需要同一时间内或者在同一过程中完成时用“同时”来表达。如单杠的骑撑后腿向前摆越同时转体 90 度以下等。

依次：在单个动作中，身体某些部分相继做同样性质的动作。如侧手翻的动作技术，两手是依次撑地后再依次推离；两脚依次蹬地后再依次落地。

接：两个单独动作之间要求连续、无间断完成时用“接”来表示。如技巧的跪跳起接挺身跳等。

经：动作过程中要求经过（不停顿）某一特定方位时用“经”来表示。如单杠和双杠的经直角悬垂摆动屈伸上。

至：动作做到某一特定方位，用“至”来表示。

成：动作做到某一特定姿势结束，用“成”来表示。如单杠跳上或成支撑等、双杠的分腿坐前滚翻成分腿坐。

艺术体操术语

“8” 字形

指器械运动所经过的路线呈 8 字形。“8” 字形的动作可在额状面、矢状面、水平面以及身体的前后进行，可单、双手，也可双手依次作。

三指握棒法

指拇指与食指自然伸直贴在棒颈，其他三指自然弯曲的一种握棒方法，可进行大 8 字绕环动作和抛棒动作。

三指捏捧法

指棒体朝向下方，用拇指、中指及食指自然弯曲轻捏棒头的握棒方法，可用于上下水平小绕环的动作。

手臂波浪

艺术体操基本动作之一。手臂波浪包括上下波浪、前后波浪和内外波浪。两臂可以同时完成，也可以依次完成。其做法为：由侧举开始，肩关节开始下压，肘、腕、指依次弯曲，再从肩、肘、腕、指依次伸直。特别是手指波浪应从手掌发力伸展到手指尖。在完成内外波浪时应注意用肩向内转和向外转来带动臂做波浪动作。

手臂的螺形“8”字绕环

艺术体操基本动作之一。即两臂在体侧先做一个水平中绕环，接着在头上再做一个水平大绕环。

手臂大绕环、中绕环和小绕环

艺术体操基本动作之一。以肩为轴的绕环称大绕环，如向内、向外、向前、向后的手臂大绕环。以肘为轴的称中绕环，以腕为轴的称小绕环。

反握圈

指用双手虎口向外、掌心向上、四指自然弯曲的握圈方法。可单手反握圈，也可双手反握圈。

双摇绳

指快速的连续不停地摇绳两次跳过绳的动作。

开腿坐

指两腿左右分开坐在地面上的姿势。

平转

艺术体操技术动作之一。是一种以两脚为轴的连续向后的旋转。开始可以慢做，两臂于七位，每一步转体 180°，两眼盯住一个目标，转体时头随之转动，然后加快速度。

正握圈

指用双手虎口相对，掌心向下，四指弯曲的握圈方法。可单手握圈，也可双手握圈。

平衡动作

指用单脚、小腿、膝部、腹部、臀部等支撑在地面上，身体保持一定的静止姿势。

右（左）侧半劈腿坐

指以右侧坐为主，两腿分别向左侧方向屈和伸的动作。

全身向前波浪

艺术体操基本动作之一。其做法为：从屈膝半蹲，含胸低头开始，踝、膝、髋、腰、胸、颈和头依次向前挺出，两臂经前向后摆至上举。浪峰在身前依次出现。

传递式交换

艺术体操器械交换形式之一。运动员通过手或身体其他部位来传递器械。

全身向后波浪

艺术体操基本动作之一。其做法为：从两臂上举，上体后屈开始，膝、髋、腰、胸、颈、头依次弯曲，向后拱起，两臂经后下摆至前举。浪峰在身后依次出现。

夹棒握法

指两棒握在一手里，棒体朝向下方，以食指、中指及无名指分别夹住两棒的棒头，五指自然弯曲握棒，适用于抛接动作。

托棒握法

指手掌心朝向上方，棒体放在手掌心，棒颈朝向虎口，拇指自然贴于棒体，其他四指自然弯曲的握棒方法。适用于向上抛棒，棒沿着矢状轴在水平面上旋转的动作。

托球

指手持球方法，分正托球、反托球、上托球3种动作。可单、双手托球，可向前、后、侧方托球等。

连续摇绳跳转

指两手不停地摇绳，连续不停地跳转180°的动作。

仰卧

指背部朝向地面，身体伸直的动作。

仰平衡

指一腿站立，另一腿前举，上身后仰至水平部位的姿势，称为硬燕；另外，一腿站立，另一腿上举，上身后仰至水平部位以下的姿势，称为软燕。

并膝右（左）侧坐

指以右侧坐为主，双膝并拢向左侧弯曲的动作。

压脚跟

指在提踵姿势时，脚跟快速落地，随即又提起脚跟的动作。

向前斜向单臂侧翻（也称“向前飞身”）

指在站立中，右手右脚撑地后摆左腿，身体则向后上方摆起，双腿在空中前后分开向右侧倾斜不经过垂直部位成坐撑，而面部向原来方向的动作。

向后斜向单臂侧翻（也称“向后飞身”）

指在坐撑姿势中，左手和左脚撑地向上及向后摆右腿，身体在空中向左侧倾斜不经垂直部位，双腿前后分开成坐撑，而面部向原来方向的动作。

全身波浪

是指身体踝、膝、髋、脊椎、颈、头等各个关节作依次屈与伸的动作，可以向前、向侧、向后及斜向45°方向进行。

抛接式交换

艺术体操中器械交换形式之一。在空中有长距离和短距离的抛接交换，可以人不移动，也可以器械原地高抛，人移动交换。

抛接绳

艺术体操绳的基本动作之一。要求绳抛出后在空中有一定的形状，或是一根绳转动，或是双叠绳在空中转动。绳要挺直不能有波浪，并准确地接住绳的两头或中段。抛绳的方法最常见的是单手持绳的两头在体侧或体前做绕绳动作抛出，使绳在空中转动一周或二周，也可以双手持绳的两头做向前摇绳或向后摇绳跳过绳后抛出，还可以单手持一个绳头向上摆动抛出，或双手持绳中段做五花动作后向上抛出，甚至可以用脚抛绳。接绳方法可以接绳的两头、绳中段或一手接绳头，一手接绳中段，接绳后接着做绳的“8”字绕及各种身体动作，或接绳同时跳过绳。

抛接圈

艺术体操圈的基本动作之一。圈的抛接形式较多，要用单手或双手向不同方向用不同的圈面进行各种形式的抛圈，并用单手或双手接圈。一般可分为摆动抛接圈、转动抛接圈、翻转抛接圈以及双手持圈水平面或斜面向上抛圈，单手接圈跳过圈等。

陀螺转圈

艺术体操圈的基本动作之一。是指以圈的直径为纵轴旋转圈的动作。可将圈放在地面上、手心上或绕手指上完成旋转。旋转时圈像陀螺形状，且轴心不移动位置，故称陀螺转圈。

折绳

指将绳折成两折、三折或四折，用单手或两手握绳的动作。

抛

艺术体操器械基本动作之一。指用手或脚把器械掷向空中的动作。可单、双手抛，单、双脚抛或依次抛等。

沉肩

艺术体操基本动作之一。指肩关节向下沉，而颈部保持伸直的动作。可沉单肩、双肩或双肩依次沉下，沉肩动作可慢，也可快。

侧波浪

艺术体操基本动作之一。其做法是：上体侧屈开始，移重心经两腿半蹲，稍转45°，接着从膝、髋、腰、胸、头向斜前方依次挺进。浪峰出现在身体侧前方。

虎口握棒法

艺术体操棒的基本握法之一。指棒体朝向下方，棒头握于虎口处，五指自然握棒方法，可用于矢状面的小绕环动作。

转动圈

艺术体操圈的基本动作之一。转动圈是指以圈的直径为转动轴心进行连续不停地转动动作，俗称陀螺转。可在地上、身上、手上以及抛起后在空中转动。确定圈的转动方向，以开始启动的方向为基准。例如，将圈垂直地放在地上启动时，向左转动，则称为向左转动圈。

侧握圈

艺术体操基本握圈法之一。指用双手在圈的外侧握圈，食指贴在圈的外沿上，其他三指自然弯曲的动作。侧握圈也可从内侧握圈。

侧卧

艺术体操基本动作之一。指肩朝向地面，身体伸直侧面也朝向地面的动作。可一腿伸直，另一腿侧举（屈或伸）或身体侧屈的侧卧姿势。

侧平衡

艺术体操基本动作之一。指一腿站立，另一腿侧举到最大限度，上身侧屈到水平位置的姿势。

单臂撑桥

艺术体操动作之一。是指身体背向地面，手和脚支撑成弓形的姿势动作。

波浪

艺术体操基本动作之一。是指肩、肘、腕依次弯曲或依次自然柔和伸直的动作；或是指上身脊关节按顺序依次做连贯协调的屈伸动作。例如，手臂波浪可向前、双臂依次做，也可以同上身波浪动作一起做；上身的波浪动作，可向前、向后、向斜向45°方向做等。

屈

艺术体操动作名称之一。根据动作的需要关节弯曲程度的大小称为屈。例如，两臂胸前平屈（屈肩）的动作；两臂上举（右臂稍高、左臂稍低）反掌心向右稍屈时的动作等。

绕绳

艺术体操绳的基本动作之一。其做法及要求是：双手或单手持绳的两端，进行以手腕为轴的绕绳动作。可以在头上、体前、体侧进行不同方向的绕绳，也可以在身体两侧和头上及两侧及体前后做“8”字绕绳动作。

点地

艺术体操动作之一。指脚的大拇指和中趾点在地上，膝盖和脚背向外的一种动作。可由上向下点，也可由擦地到点地，其方向可向前、侧、后进行。

振髋

艺术体操动作之一。指髋关节进行急而短促的伸长至还原的动作。可往返也可单一振动，可向前、向侧或向后振髋。其方法是，向哪个方向振髋，同侧腿要伸直，而异侧腿要弯曲；前后振髋时，双腿侧自然弯曲。

振肩

艺术体操动作之一。指肩关节进行急而短促的伸长至还原的往返动作。可双臂侧举向侧振肩、双臂前举或向后振肩、双臂上举向上振肩。

胸侧翻

艺术体操动作之一。是指由左或右臂经胸至右或左臂支撑，双腿离开地面向左或右翻转180°的动作。可屈臂撑或直臂撑。

绕

艺术体操动作之一。指臂的活动范围超过180°到360°以内的弧形动作。例如，从站立开始臂向侧绕到上举的动作；臂向内绕到侧举的动作等。

绕环

艺术体操动作之一。指臂或上身的活动范围在360°或360°以上的圆形动作。例如，从站立开始两臂向后绕环的动作；两臂向右绕环至前举的动作；上身绕身体垂直轴向左或向右做圆形动作等。

举

艺术体操动作之一。指臂的活动范围不超过180°的动作。例如，臂前举动作是从下垂开始向前活动到90°；臂上举动作则从下垂开始向上活动到180°。

俯卧

艺术体操动作之一。指胸部朝向地面，双腿并膝后举，抬头挺胸的动作。例如，俯卧可一腿伸直，另一腿屈膝，也可双腿屈膝交叉后举。

俯平衡

艺术体操动作之一。又称“燕式平衡”。指一腿站立，另一腿后举到最大限度，上身前屈到一定位置的姿势。

耗

指将腿举到一定高度并借助外力（手或物）停留一定时间的动作。耗腿动作一般用于基本功练习。成套动作如果采用，停留的时间不要太长。

综合式交换

艺术体操中器械交换形式之一。是指一部分器械滚动或传递，另一部分器械抛接进行的交换。

蛇形

带操动作之一。指手握带柄以腕关节为主进行上下、左右抖动的动作，以使带形成波浪的图形，分为垂直蛇形和水平蛇形两种。凡带不论在任何方向，其整个带形和地面垂直的都称为垂直蛇形。例如，由左至右或从右至左、由前至后或从后至前、由上至下或从下至上等。凡带不论在任何方向，其整个带形和地面平行的都称为水平蛇形。

弹球

球操动作之一。指球落地或关节快速屈伸把球弹起的动作。

旋转圈

圈操动作之一。圈沿着轴心做连续圆形旋转的动作。旋转圈可在额状面、矢状面、水平面和斜面上进行；可在手上、腰上、腿上和踝上等部位进行；方向可在前、后、左、右进行。确定圈的旋转方向，以开始启动的方向为基准。例如，臂侧举手持矢状面圈，圈的启动方向是向前的，则称为向前旋转圈。

接

艺术体操技术之一。指用手或脚把器械接住的动作。可单、双手接，也可单脚接与双手依次接等。

移重心

指两脚开立，重心从一腿（另一腿脚尖点地）经两腿半蹲移到另一腿（而另一腿脚尖点地）的动作。进行移重心动作时，重心始终是保持在一个平面上，可向前、向侧、向后及向侧 45°方向移动。

控

指将腿举到 90°以上的高度，停留一定时间的动作。例如，向上 45°方向、向侧上 45°方向、向后 90°等的控腿。

旋髋

艺术体操动作之一。指以髋关节为轴进行连续不停地沿着平面向左或向右的圆形运动。旋髋的路线是向左（右）、前（后）、右（左）、后（前）四个方向；可进行小幅度的单纯旋髋，也可进行大幅度的带动上身及腿的旋转髋的动作。

旋肩

艺术体操技术之一。指肩关节进行圆形运动的动作。可向前、向后旋肩，可单肩和双肩旋肩、两肩依次旋肩等。

弹性屈伸

艺术体操技术之一。是指双腿进行有节奏的连续不断地屈与伸的动作。

棒滚动

艺术体操棒的技术之一。指棒在地面上和在身上某部位的滚动动作，可由下至上或从上至下、由左至右或从右至左、体前体后同时或依次在身上滚动，也可在地上向任何方向的滚动。

棒敲击

艺术体操棒的技术之一。指两棒互相敲击与向地面敲击的动作。

棒绕环

艺术体操棒的技术之一。有大、中、小和小五花 4 种绕环动作。大绕环指以肩关节为轴手持棒进行的绕环动作，可向前后、左右、内外、上下、水平、“8”字形及异向等，可单、双手、同时或依次进行；中绕环指以肘关节为轴手持棒进行的绕环动作，大绕环所进行的动作也适用于中绕环；小绕环指以腕关节为轴手持棒进行的绕环动作，大绕环所做的动作也适用于小绕环；小五花指两手腕靠拢两手持棒进行依次不停地“8”字绕环棒的动作，有水平、垂直、头上以及单手小五花等动作。

握绳

艺术体操技术方法之一。指用拇指和食指捏绳，是常用的握绳法。

搬

指将腿从下方朝各方向举起，并借助手的力量把腿抬至一定高度的动作。可抬脚，也可抬膝。例如，后抬脚平衡动作等。

摆绳

艺术体操绳的基本动作之一。其做法和要求为：双手持绳两头或一头进行以肩为轴的摆动和大绕环，摆绳时要求用力至绳的远端，绳应挺直不应出现波浪。

跳绳

艺术体操绳的基本动作之一。指两手握绳，单、双脚以及双脚依次跳过绳子的动作。

缠绳

艺术体操绳的基本动作之一。指利用绳的柔软性，将它缠在身体的各种部分，如腰间、臂上、腿上或颈上，作为动作之间的连接，然后解脱开继续做动作，或作为结束动作。

跳过绳

艺术体操绳的基本动作之一。跳绳时可用整根单绳跳过，或用双叠绳、三叠绳、四叠绳跳过。跳过绳的摇绳方向可以向前、向后、向侧及水平面摇摆。摇绳的速度可慢可快，有摇一次跳二次、摇一次跳一次及摇二次跳一次等。摇绳应以手腕为轴做绳的转动，并和跳过绳的动作协调配合，落地要轻松柔和，具有弹性。

滚动圈

艺术体操圈的基本动作之一。指圈在地面上或在身体的某一部分向不同方向所进行的滚动。滚动的圈不应跳动，应保持圈面稳定和滚动路线的正确。

跪地躯干波浪

艺术体操基本动作之一。动作方法是：从臀部坐脚跟开始，两手背后交叉握伸直，依次从骶部、腰部、胸部、颈部和头部伸展前倾，然后从骶部开始，腰、胸、颈、头依次弯曲，向后拱起，还原，反复进行。拱起时可加挺髋起臀，此外还可以手握脚踝做躯干波浪动作。

滚动式（反弹式）交换

艺术体操中器械交换形式之一。指通过地面滚动或反弹进行交换器械。

滚球

艺术体操球的基本动作之一。指球在地上或身上某个部位滚动的动作。例如，可在身上的局部滚球，也可在全部滚球；可在身上的前面某部滚球，也可在身上的背面某部滚球；可由上向下或由下向上、从左向右或从右向左、由胸向背或由背向胸等做滚球动作。

腹平衡

艺术体操基本动作之一。指以腹部的极小面积支撑在地面上，上身和下肢向上翘起到最大限度的姿势。

摆动

艺术体操基本动作之一。向另一个方向做钟摆式协调柔和的活动。摆动可往返、可单一地进行。例如，两臂前摆还原的动作；两臂侧摆的动作等。

跪挺起

艺术体操基本动作之一。是指由跪立姿势开始，双臂向上的同时小腿用力支撑推离地面，并挺腹胸起至站立的动作。

跪坐

艺术体操基本动作之一。指大腿和小腿接触，臀部坐在双脚上的姿势动作。可双腿跪坐，也可单腿跪坐，另一腿前伸、侧伸、后伸。

跪平衡

艺术体操基本动作之一。指一腿的小腿和地面接触，另一腿向任何方向进行任何姿势的动作。

跪立动作

艺术体操基本动作之一。指双腿在地面上支撑的姿势，有双腿跪立和单腿跪立，另一腿侧点（屈、直）、后点、前点（屈、直）等。

跪撑动作

艺术体操基本动作之一。指用小腿（一腿或双腿）与手同时撑地的动作。例如，左腿跪地，右腿后伸，两手左后撑地，上身后仰的姿势。

踢

艺术体操基本动作之一。指单腿进行用力加速摆的动作。例如，前踢腿、后踢腿、侧踢腿等。

擦地

艺术体操基本动作之一。指脚的拇趾和中趾，脚背领先，膝盖和脚背向外，沿地面向前、侧、后擦地的动作。

膝平衡

艺术体操基本动作之一。指用膝部着地，身体其他部位都离开地面的姿势。可做另一腿屈膝后举、前举、侧举（屈或直）的姿势。

膝转、臀转和背转

艺术体操中转体动作。即用身体的膝、臀和背支撑，用手臂或用腿的摆动来带动身体旋转。

臀平衡

艺术体操基本动作之一。指以臀部支撑在地面上，上身直立或倾斜，双腿直腿、屈膝或交叉腿上举的姿势。

螺旋波浪

艺术体操基本动作之一。是指身体的踝、膝、髋、脊椎、颈、头等各个关节做从低至高的螺旋形转动动作，通常是并膝，向左或向右进行。

螺形

艺术体操中带的基本动作之一。指手握带柄以腕关节为主向顺时针或逆时针方向进行小的环转动作，以使带形成一串的螺旋形，分为垂直螺形和水平螺形两种。凡是螺形所构成的圆柱体和地面垂直的，即称为垂直螺旋形；凡是螺形所构成的圆柱和地面平行的，即称为水平螺旋形。

翻转圈

艺术体操中圈的基本动作之一。是指以圈的额状轴或矢状轴为轴心进行向前、后、左、右翻转圈的动作。可单、双手做，例如，单手正握圈前举向后上抛向前翻转圈两周或单手握圈前举向左翻转圈；双手外侧握圈上抛向内翻转圈一周以上等动作。

蹲

指膝关节弯曲下蹲的动作。有半蹲和全蹲两种动作。全蹲是大腿和小腿接触，又分两腿全蹲和单腿全蹲。例如，两腿全蹲的提踵两腿全蹲动作；单腿全蹲的提踵一腿全蹲，另一腿前点地、后点地、侧点地，或者前举、侧举、后举等。半蹲是大腿和小腿的夹角接近90°，又分两腿半蹲和单腿半蹲。例如，两腿半蹲的并膝或不并膝、提踵或不提踵；单腿半蹲的一腿半蹲、另一腿的前举、后举、侧举，或者前屈、后屈、侧屈，或提踵和不提踵等。

技巧体操的术语

上面人

技巧运动术语。指双人项目中在上面做动作的运动员或多人项目第一套平衡动作中，在最上面做动作的运动员。

下面人

技巧运动术语。指双人在最下面做动作的运动员或多人项目第一套平衡动作中，在最下面做动作的运动员。

小翻

技巧动作之一。指两臂后甩，经倒立推手恢复成直立姿势的一种动作。一般分为绷跳小翻（由直立姿势开始，甩臂时两腿绷直）和蹬跳小翻（开始时两腿弯曲，甩臂的同时两脚蹬跳）两种。20 世纪 70 年代初，出现于女子平衡木项目中，80 年代成为“串筋斗”的连接技术。在体操和技巧运动启蒙训练中占有重要位置。

中间人

技巧运动术语。指女子三人项目中位于下面人和上面人之间的运动员。

立柱

技巧运动术语。多人项目动作之一。指运动员逐一站在下面一个运动员的肩上，由上面人完成各种造型动作。

半立柱

技巧运动术语。指运动员以各种姿势重叠在下面人的身上，由上面人完成各种平衡或倒立的罗汉造型动作。要求保持 5 秒钟。

回龙

技巧动作之一。即体操动作中的“向后空翻接前空翻”，具有民族特色。随着技术的发展，又创造出了360°回龙（直体后空翻转体360°接向前空翻）和720°回龙（直体后空翻转体720°接向前空翻）等新颖的动作。

灯笼

技巧运动术语。多人项目动作之一。其间的罗汉造型通常由第一中间人以马步姿势站立在直立的下面人肩上，第二中间人站立在第一中间人膝上构成。

技巧运动

体育运动项目之一。以翻腾、倒立、平衡、抛接等动作为主，并在此基础上完成各种造型。比赛项目有男、女单人，男、女双人，混合双人，女子三人，男子四人共7项。该项运动起源于4000年前的埃及。18世纪末，盛行于欧洲马戏之中。现代体操运动兴起后，被作为体操练习和比赛内容，后从体操运动中分离出来成为独立的运动项目。比赛单人项目的场地长45米、宽2米，要求运动员在一条直线上完成各种动作；双人、三人、四人项目的比赛板或地毯边长为12米的正方形。各项比赛都有3套规定动作和3套自选动作。除单人项目和男子四人第一套动作外，其他动作均有音乐伴奏，时间为2～3分钟。1932年，在美国洛杉矶第10届奥运会上，技巧运动被列为正式比赛项目。1973年成立国际技巧联合会，1974年在苏联举行了第1届世界技巧锦标赛，与另一大型世界技巧比赛——世界杯赛相间进行。

抛接

技巧运动术语。双人和多人项目动作之一。是完成各种翻腾动作和平衡动作的连接动作，可分为抛、腾空和接三部分。上面人站、倒立或卧躺在下面人的手、肩等部位上，由下面人将其抛在空中完成各种动作，再由下面人接住。通常有膝上抛、手抛、肩上抛、轿抛等方法。

拉拉提

技巧动作之一。体操动作中为“分腿挺身后空翻”。后又成为女子平衡木项目动作。一般由踺子、小翻或单踺子来连接。

第一中间人

技巧运动术语。男子四人项目中，做上下重叠动作时，位于下面人之上的第一人。

第二中间人

技巧运动术语。男子四人项目中，指做上下重叠动作时，位于第一中间人之上、支撑上面人的运动员。

倒插虎

技巧动作之一。也称“倒扎虎”。体操动作中“向后手翻经胸滚动成俯撑”。后被运用到女子平衡木项目中。可单独做，也可由踺子或踺子小翻来连接。

轿

技巧运动术语。多人项目抛接方式之一。指两人各自手心向下，一手握住自己的另一个手腕，并互握对方手腕呈“井”字形，称为“轿”。比赛时常利用轿将其他运动员抛起。

旋子

技巧动作之一。动作为“跳起水平旋转”。具有典型的中国民族特色，随着技术的发展，创造了旋子转体360°等新颖动作，打破了以往向前、后、侧三面筋斗的方式。

脱壳

技巧运动术语。多人项目抛接动作之一。指上面人在下面人的手、肩等部位上做各种动作，然后由下面人将其抛起，中间人做完动作后跳离，由下面人接住上面人。男子四人比赛项目中，通常由下面人和第一中间人以轿抛来完成。

趋步

技巧动作之一。体操动作中为“节奏跳”。指做踺子、虎跳等动作前用单腿蹬地跳起，接着两脚迅速依次着地，伴随着上体迅速前倾的一种踏跳技术。

踩子

技巧动作之一。体操动作中为“侧手翻并腿落地接着跳起”。主要用来连接向侧、向前空翻。在技巧运动的启蒙训练中占有重要位置。

踺子

技巧动作之一。体操动作中为“侧手翻向内转体 90°”。是连接向后翻腾动作的重要技术。一般有接低腾空动作（如后手翻，快速后空翻等）的后手翻踺子和接做高腾空动作（如后空翻等）的空翻踺子两种。

蹑子

技巧动作之一。又称“侧空翻”。指侧身向前腾空抱腿沿人体前后轴的空中翻转动作。有团身、屈体和直体三种形式。在技巧运动启蒙训练中很重要。

蹦床运动术语

网性

指运动员对蹦床的感知和控制能力。

屈体

蹦床动作完成过程中一种身体姿势，要求上体和大腿的夹角大于等于 135°，同时要求小腿和大腿的夹角大于 135°。

团身

蹦床动作完成过程中的一种身体姿势，要求上体和大腿的夹角大于 135°，同时要求小腿和大腿的夹角小于 135°。

直体

蹦床动作完成过程中的一种身体姿势，要求上体和大腿以及小腿和大腿的夹角都大于 135°。但如果按照蹦床评分规则的高要求，要求整个身体成一直线。

触网

指蹦床运动员完成一个蹦床动作后身体某一部位接触网的运动过程。

压网

蹦床运动员触网后下压网的运动过程，其表示的是从运动员触网及网面至压网最低处这一个动作阶段。

起网

指运动员压网结束后，身体在网面的反弹力的推动下离开网并开始做下一个动作的运动过程。其所表示的是从压网最低处至运动员离网瞬间这一动作阶段。

垂直跳

运动员弹起后没有绕身体三个解剖轴做任何翻转的起跳动作。

整套动作

蹦床竞赛中要求运动员连续完成十个动作，称为整套动作。

动作连接

运动员完成整套动作时，相邻两个动作的过渡过程为动作连接。

前空翻

动作开始时，上体运动方向与面向方向一致并绕额状轴翻转的动作。

后空翻

动作开始时，上体运动方向与面向方向相反并绕额状轴翻转的动作。

空翻转体

指围绕复合轴转体的动作，即空翻同时转体的动作。

早转

指动作的转体在空翻动作开始阶段出现的转体技术，其第一阶段的转体动力来自身体与网面的相互作用力，第二阶段的转体动力来自髋关节的屈伸。

晚转

指动作的载体在空翻快结束的阶段开始并完成的转体技术，其转体动力来自于髋关节的屈伸。

展体

指在屈体或团身动作中，将身体由屈体或团身展开成直体的运动过程。

预跳

指在完成一套动作之前，为了获得较高的完成动作的起始高度而做的垂直跳。

预跳时间

指预跳所用的总时间。

动作完成的时间

指运动员完成十个动作所用的总时间

起跳节奏

指完成整套蹦床动作过程中，不同动作之间的一致程度，是动作时间、高度、发力等方面因素的总体体现。

起跳技术

指运动员利用身体肌肉收缩并作用于蹦床上，通过蹦床的反弹力获得一定的空中身体高度或完成空翻动作的运动技术。网上起跳后，身体不围绕三个解剖轴做任何翻转，只是获得理想的动作高度。

腹弹技术

指运动员空中完成空翻之后，以腹部触网反弹的技术。

背弹技术

指运动员在空中完成空翻后以背部触网反弹的技术。

坐弹

指运动员在落网时以臀部触网反弹的技术。

跪弹

指运动员在落网时以双膝触网反弹的技术。

健美操运动术语

立

两腿站立的姿势。有并腿立、分腿立、提踵立、点地立、单腿立等。

蹲

两腿屈膝站立的姿势。半蹲：屈腿小于90°；全蹲：屈腿大于90°。

弓步

一腿屈膝，另一腿伸直，身体重心在两脚之间的站立姿势。一般常用的有前弓步和侧弓步。

点地

一腿伸直或屈膝站立，另一腿脚尖或脚跟触地的姿势，身体重心在主力腿。有向前、侧、后点地。

踢腿

一脚站立，另一腿做加速有力的摆动动作。有向前、侧、后踢腿。

吸腿

一腿站立，另一腿屈膝向上抬起的动作。有向前、侧吸腿。

平衡

一腿站立，另一腿抬起并保持一定时间的动作。

举

臂或腿抬起并固定在某一方位上的姿势。有前举、侧举、斜下举等。

屈

使关节角度缩小的动作。

伸

使关节角度扩大的动作。

摆动

臂或腿在某一平面内，自然地由某一部位匀速运动到另一部位的动作。手臂摆动以肩关节为轴；腿的摆动以髋关节为轴。有前后摆动、左右摆动、上下摆动等。

振

臂或上体做大幅度的加速摆动作。

绕

身体某一部分摆至180°以上，360°以内的动作。

绕环

身体某一部分摆至360°或360°以上的动作。

跪

屈膝并以膝着地的姿势。有跪立、单腿跪立、跪坐、跪撑等。

坐

以臀部着地的姿势。有屈腿坐、并腿坐、分腿坐、半劈腿坐、盘腿坐等。

卧

身体躺在地上的姿势。有仰卧、侧卧、俯卧等。

撑

手着地并承担身体重量的姿势。有俯撑、俯卧撑、蹲撑、仰撑等。

运动面

按照人体的解剖学方位，人体有三个相互垂直的基本面。包括矢状面、额状面和水平面。

矢状面

沿身体前后径所作的与水平面垂直的切面。矢状面将人体分为左右两半。

额状面

沿身体左右径所作的与水平面垂直的切面。额状面将人体分为前后两半。

水平面

横切直立人体与地面平行的切面。水平面将人体分为上下两半。

运动轴

人体运动时的三个互相垂直的基本轴，是描述人体转动时的假想轴。包括额状轴、矢状轴和垂直轴。

额状轴

俗称横轴。是左右平伸与水平面平行，与矢状面垂直的轴。

矢状轴

俗称前后轴。是前后平伸与水平面平行，与额状面垂直的轴。

垂直轴

俗称纵轴。是与人体长轴平行，与水平面垂直的轴。

同侧

同一侧的上肢和下肢动作的配合。例如：出左腿，出左手。

异侧

不同侧的上肢和下肢动作的配合。例如：出左腿，出右手。

同面

上肢动作和下肢动作的运动面一致。例如身体向侧移动，手臂侧摆。

异面

上肢动作和下肢动作的运动面不一致。例如：向前走，手臂侧摆。

同时

上肢和下肢同一时间做不同的动作。

依次

上肢或下肢相继做同样的动作。

双侧

两臂同时做同样的动作或下肢依次做相同的动作。

单侧

只有一只手臂做动作或只做了一个方向的动作。如侧交叉步，右臂屈伸两次。

对称

两臂同时做相同的动作或下肢依次做不同方向但相同的动作。

不对称

两臂同时做不同的动作或下肢依次做不同的动作。

移动

身体向着相应的方向参考点运动的方式。

向前

向着参考点的方向运动。注意“前”和“向前”的区别，你可以面向前向前移动，也可以面向后向前移动。

向后

向着身体后面的方向运动。

向侧

向着身体侧面的方向运动。如向侧移动到前面

原地

无移动，或在4拍内回到原来的地方。

转体

身体绕垂直轴转动。转体经常是向前、向后和向侧移动的结合。转体可以原地做，也可以绕着一个相应的点做。转体360°可以是4×90°

或 2×180°的转体。请注意在 1 到 2 拍内做一个完整的 360°转体具有潜在的危险，因此应该避免。在所有的转体中，身体的任何部位都不应该承受不必要的压力，选择安全的转体动作和条件（如足够的拍数、正确的音乐速度和正确的提示方法）是指导员的责任。

有氧练习

以人体有氧系统供能的，任何运用大肌肉群的、持续的和有节奏的练习。如：有氧操、游泳、骑自行车等。

冲击力

人体运动时对地面产生一定的作用力，而地面同时也给予人体相应的反作用力，即“冲击力”。这种冲击力随着每一个动作自下而上通过人体向上传递并逐渐消失。

无冲击力动作

两只脚都接触地面的动作，或不支撑体重的动作。如：双腿半蹲、弓步，以及垫上动作、划船机和自行车练习等。

低冲击力动作

总有一只脚接触地面的动作。如：踏步、侧交叉步等。

高冲击力动作

两只脚都离开地面、即有腾空的动作。如：开合跳、吸腿跳等。

PART 7 技术战术

竞技体操的技术

自由体操

支撑

支撑是体操动作之一，指人体肩轴高于器械轴并对握点产生压力的一种静止动作，分为单纯支撑和水平支撑两种。单纯支撑即只用手支撑器械和混合支撑，即手和身体的一部分同时支撑器械。水平支撑指身体呈水平姿势的支撑或静用力动作，力量素质要求较高，是一种高难度的静止动作。

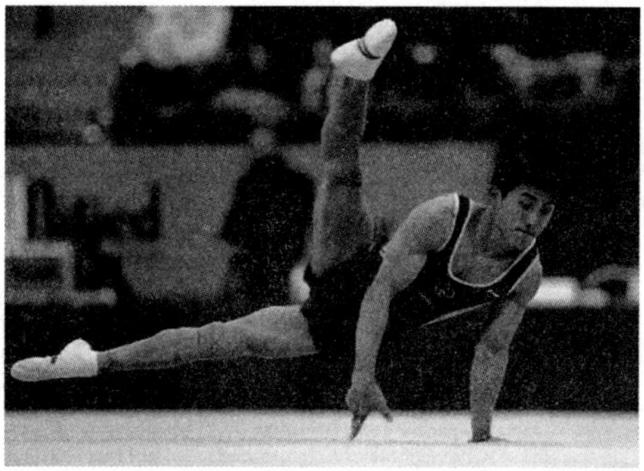
男子自由体操

手倒立

手倒立是体操中静止动作之一，用手掌撑地，头部朝下，两臂和两腿均伸直的人体倒置动作。按动作完成的姿态分为：屈臂屈体、屈臂直体、直臂直体、直臂屈体及双手倒立、单手倒立等，对上肢力量及身体控制能力的要求较高。

手翻

手翻是体操翻腾动作之一，指用手支撑于地面或器械上，人体倒立，然后在手推撑的同时翻转的动作。按翻转的方向，分向前、向后、向侧手翻三种。也是技巧运动支撑跳跃等项目的基本动作之一。

悬垂

悬垂指人体肩轴低于器械轴并对握点产生拉力的一种静止动作。只用手悬垂于器械的，称“单纯悬垂”，如单杠上的悬垂。手和身体的一部分同时悬垂于器械或接触地面的称“混合悬垂”，如单挂膝悬垂，是器械体操练习的基本动作之一。

旋翻

旋翻指人体在腾空后沿横轴翻转两周的同时，绕纵轴转体的复合空翻动作。按翻转方向，分前旋、后旋。按人体姿势，分团身旋、屈体旋、直体旋。按转体的周数分两周旋、三周旋等。

滚翻

滚翻指躯干依次接触地面或器械、也经过头部的翻转动作。分前滚翻和后滚翻，是体操启蒙训练的内容之一。

摆动

摆动指通过肌肉用力，改变人体各部分的相对位置，进行人体各部分运动速度的调配和组合，使人体产生变速移动的一种动作。

按人体各部分运动速度调配的特点，可分为大摆、屈伸、回环等多种，是器械体操中内容最多，变化最复杂的一类动作。有利于培养动作的节奏感，提高机体的协调能力，增强肌肉的力量和空间三度的定向能力。

腾越

腾越指整个人体腾起后从器械上空越过的一类动作。按人体运动的方向，分正腾越、背腾越、侧腾越 3 种；按腾起后人体的姿势，有分腿腾越、屈体腾越、挺身腾越等。做此类动作时，人体腾起较高，飞行时间较长，具有惊险性。

静止

体操动作的一种，指通过肌肉的协调用力，维持身体的平衡与稳定，按规定要求，在空间停止一定时间来完成的静止姿势，如各种悬垂、支撑和倒立动作。在动作完成过程中，就肌肉工作特点而言，属于等长收缩；就呼吸特点而言，有复式和胸式两种呼吸形式。

转体

可以在各种不同的姿势中进行，如直腿站立、坐、卧和蹲撑等，并可用踏步、摆腿跳跃或在空翻动作中来完成。

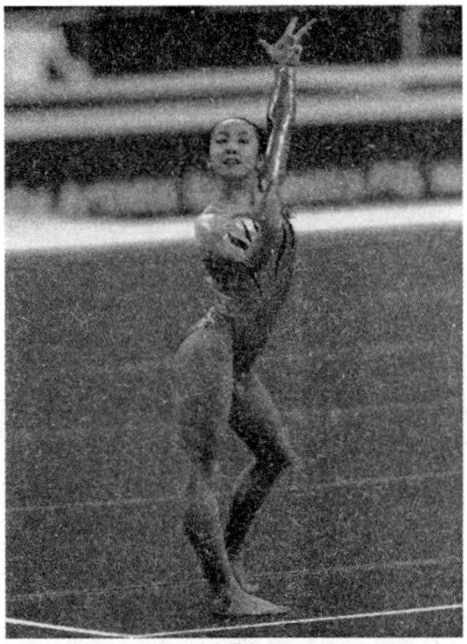
女子自由体操

跳跃

要求在空中停留的时间要长，起跳时稍屈膝，由全脚掌过度到前脚掌跳地跳起。在空中时，身体各个部分要根据所做动作的要求做出一定的姿态。落地时，要用前脚掌柔软地着地，并做屈膝，髋关节来缓冲下落的力量。着地时，身体重心应落在支撑面内，以保持平衡。

劈腿

劈腿指两腿最大限度地分开，一腿与另一腿成一直线触及支撑面。有前后劈腿（必须指明哪条腿在前），左右劈腿，还有半劈腿（一腿弯曲），在平衡木上也可做劈腿。

桥

桥指两手与脚支撑，身体背部向支撑面，最大限度地挺身成弓形的姿势。有单脚支撑另一腿上举的桥、单手支撑的桥；还有前膊桥和跪桥等。

具有代表性的成套动作

一、男子

1. 哈其尼亚可夫（前苏联）1977 年里加国际邀请赛

踺子后手翻跳转 180°屈体前空翻依次落地——踺子后手翻接团身

后空翻两周——跺子侧空翻——全旋挺身转体360°——前手翻接前空翻转体180°——后手翻转体180°鱼跃滚翻——后跳屈伸起转体180°成俯撑——阿拉伯软翻——踺子后手翻接直体后空翻转体720°。

2. 托马斯（美国）1979年沃思堡世界体操锦标赛

踺子后手翻团身后空翻一周半转体540°前滚翻——跺子鱼跃滚翻接分腿起倒立——锐角支撑分腿慢起倒立——踺子后手翻团身后空翻两周——托马斯全旋转体360°——踺子后手翻直体后空翻转体720°。

3. 李宁（中国）1988年汉城奥运会

踺子后手翻团身后空翻两周转体720°——踺子后手翻屈体后空翻两周——分腿全旋起倒立转体，落下成左右劈腿——分腿慢起手倒立——踺子跳起转体90°侧空翻——侧平衡——踺子后手翻团身后空翻两周。

4. 李小双（中国）1992年巴塞罗那奥运会

踺子后手翻团身后空翻三周——踺子后手翻直体后空翻转体720°接团身前空翻5/4成俯撑——分腿全旋起倒立转体接分腿全旋起倒立转体，落下成左右劈腿——分腿慢起手倒立——团身前空翻接团身前空翻——扳腿平衡——踺子后手翻直体后空翻两周。

5. 谢尔博（白俄罗斯）1992巴塞罗那奥运会

踺子后手直体后空翻两周同时转体720°——分腿全旋起倒立转体——踺子后手翻直体后审翻转体720°接团身前空翻5/4成俯撑——前后劈腿——分腿慢起手倒立，团身前空翻续前手翻接团身前空翻——扳腿平衡踺子后手翻直体后空翻两周。

6. 李小双（中国）1996年亚特兰大奥运会

踺子后手翻直体后空翻两周同时转体720°——前手翻直体前空翻接直体前空翻接直体前空翻转体360°——前手翻直体前空翻转体360°——分腿全旋起倒立转体接分腿全旋起倒立转体——落下成左右劈腿——直臂屈体慢起手倒立——扳腿平衡——踺子后手翻直体后空翻两周。

7. 谢尔博（白俄罗斯）1996年波多黎各世界体操单项锦标赛

前手翻直体前空翻接直体前空翻接直体前空翻转体360°——踺子后手翻直体后空翻两周转体360°——踺子快速后空翻接直体后空翻转

体 720°——接前空翻 5/4 成俯撑——前后劈腿直臂屈体慢起手倒立——前手翻直体前空翻转体 360°——扳腿平衡——踺子后手翻直体后空翻两周。

8. 涅莫夫（俄罗斯）1997 年洛桑世界锦标赛

踺子后手翻直体后空翻两周转体 720°——前手翻直体前空翻接直体前空翻转体 360°接直体前空翻转体 540°——分腿全旋起倒立转体接分腿全旋转体 360°分腿全旋起倒立落下成左右劈腿——踺子后手翻直体后空翻转体 720°接团身前空翻 5/4 成俯撑——分腿水平支撑——踺子后手翻屈体后空翻两周。

9. 卡巴年柯（法国）1997 年洛桑世界锦标赛

踺子后手翻直体后空翻两周转体 360°——踺子快速后空翻接直体后空翻转体 540°接直体前空翻转体 540°——全旋挺身转体 1080°接分腿全旋起倒立落下接分腿全旋起倒立落下成前后劈腿——宽臂慢起手倒立——前手翻直体前空翻转体 540°慢团身前空翻 5/4 成俯撑——踺子后手翻团身后空翻两周转体 360°。

10. 捷维切夫（保加利亚）2001 年根特世界锦标赛

踺子接直体后空翻转体 540°接直体前空翻转体 360°接团身前空翻转体 360°——踺子接快速后空翻接直体托马斯转体 360°前滚翻——接俄式转体 1080°——横叉——锐角支撑——单腿侧平衡——踺子后手翻直体后空翻两周。

二、女子

1. 图利舍娃（苏联）1972 年慕尼黑奥运会

踺子小翻——直体后空翻转体 720°——鱼跃前手翻——小跨跳接大剪腿跳——助跑踺子小翻跳起转体 180°屈体前空翻单腿落接踺子小翻团身后空翻——侧空翻——踺子小翻直体后空翻转体 360°。

2. 涅利·金（苏联）1978 年斯特拉斯堡世界锦标赛

踺子小翻直屈体后空翻两周——踺子屈体后空翻——跨跳转体 180°，单臂前软翻成跪立——踺子后手翻直体后空翻转体 720°。

3. 舒舒诺娃（苏联）1985 年蒙特利尔世界锦标赛

踺子小翻团身后空翻两周转体 360°——单脚起跳侧跨跳——踺子小翻直体侧空翻落地转 90°接前滚翻，接后手翻转体 180°接踺子小翻——小翻经跪再接后手翻转体 360°——狼跳转体 360°——键子团身后空翻两周——横劈叉跳落地成俯撑。

4. 西里瓦斯（罗马尼亚）1985 年蒙特利尔世界锦标赛

踺子小翻团身后空翻两周转体 360°——踢腿小翻空中两腿交换——踺子小翻直体后空翻转体 720°接团身前空翻再接踺子小翻，小翻直体后空翻转体 720°接团身前空翻——猫跳转体 360°。

5. 奥米里扬契科（苏联）1986 年北京世界杯赛

踺子后手翻屈体后空翻两周接拉拉提——踺子后手翻直体后空翻转体 720°接前空翻，再接踺子后手翻转体 180°前手翻踺子跳起转体 540°前滚翻——跨跳转体 90°——踺子后手翻屈体后空翻两周。

6. 陈翠婷（中国）1990 年第 11 届亚运会

踺子小翻快速后空翻接后手翻屈体后空翻两周转体 360°——交换腿劈叉跳接交换腿劈叉跳接猫跳转体 360°——后软翻——踺子后手翻接快速后空翻接后手翻接屈体后空翻两周——踺子双脚起跳的分腿屈体跳接直体跳转 360°——单腿转体 720°——鱼跃前滚翻——踺子后手翻团身后空翻两周——分腿屈体跳接团身前空翻成坐——腿前伸。

7. 博金斯卡娅（俄罗斯）1994 年布里斯班世界体操单项锦标赛

踺子后手翻接屈体后空翻两周转体 360°——单腿起跳狼跳转体 360°接向前劈叉跳接猫跳转体 360°——踺子后手翻接直体后空翻转体 540°接踺子后手翻直体后空翻转体 720°——踺子后手翻团身后空翻两周——踺子接双脚起跳的分腿屈体跳——腿前举 90°以上的单腿转体 720°。

8. 霍尔金娜（俄罗斯）1995 年鲭江世界锦标赛

踺子后手翻屈体后空翻两周转体 360°——前手翻接直体前空翻转体 540°——前手翻接直体前空翻转体 360°接直体前空翻——猫跳接前软翻接鹿跳——向前劈叉跳接团身跳转体 360°接双脚起跳直体跳转 720°——踺子后手翻直体后空翻转体 1080°。

9. 勒杜坎（罗马尼亚）1999 年天津世界棉标赛

踺子后手翻直体后空翻两周——踺子快速后空翻屈体后空翻两周——狼跳转体 540°接舒舒诺娃跳成俯撑——踺子后手翻直体后空翻转体 900°接屈体前空翻——向前交换腿劈叉跳接向前剪式直腿跳转体

180°接分腿屈体跳——踺子后手翻直体后空翻转体 1080°。

10. 达尼勒（巴西）2001 年根特世界锦标赛

踺子后手翻直体后空翻两周——团身跳转体 720°——踺子后手翻转体 180°团身前空翻两周——猫跳转体 720°接狼跳转体 540°——踺子后手翻直体后空翻转体 900°接直体前空翻——单腿转体 900°接舒舒诺娃跳——踺子后手翻直体后空翻转体 1080°

鞍马

挥摆

指单（双）腿向左或向右摆并还原的动作。

摆越

指单腿或双腿在器械上面或下面越过的动作。

鞍马运动

童非移位

马端正撑全旋隔两环挺身转体 180° 成另一马端正撑。该动作在鞍马项目中属高难度动作，由双手撑马端的马端全旋开始，出腿后，身体重心向右移，以右臂为轴，左手推离马端俯撑挺身转体 180°，右手越两环，撑另一马端，经双手撑两个马端的俯撑，身体继续挺身转体，左手用力推离马端，完成第 2 个挺身转体 180°，整个身体移至侧马端俯撑。该动作在两次支撑中完成了挺身转体 360° 和大移位动作。对两臂的力量和身体重心的移动要求较高，这是中国运动员童非独创的高难度动作。

王崇升转体

体操动作之一。鞍马竞赛中，托马斯全旋起倒立转体 180°落下接托马斯转体 90°起倒立落下成骑撑，为中国体操运动员王崇升独创。

吴国年转体

俄式转体 720°同时移三位。也称吴国年大爬。体操术语，鞍马竞赛中，俄式转体720°同时移三位，为中国体操运动员所创。男子鞍马决赛则多次出现以中国运动员吴国年名字命名的“吴国年大爬”，这个动作被各国运动员广泛采用，成为近几年鞍马最流行的动作之一。

李宁交叉

正交叉转体90°经单环起倒立落下成骑撑。体操动作之一。鞍马竞赛中，正交叉转体90°经单环起倒立落下成骑撑，为中国体操运动员李宁独创。

他创造了鞍马“托马斯”全旋接倒立和跳转，并把它移植到自由体操中。李宁鞍马的交叉动作，能做到倒立转体式，使外国选手只能使鞍马平面化的动作变成了立体化，从而开创了鞍马发展的新套路。

以运动员姓名命名的动作

达格特——反交叉反向转体180°成骑撑

贝伦基——手倒立落下反交叉转体180°成骑撑

马乔尔转体——马头一次全旋沿纵轴内转360°（马头打滚）

施托克里——全旋直角出直角进

马乔尔前移——侧撑马头纵向前移三位至另一马头

斯维多后移——侧撑马头纵向后移三位至另一马头

比洛泽尔采夫——侧撑马头两次全旋依次撑单环前移至另一马头成正撑

比洛泽尔采夫成背撑——侧撑马头两次全旋越远环纵向前移另一马头成背撑

直接的施托克里A——环上全旋经单环直角转体180°成环上全旋

直接的施托克里B——环上全旋经单环直角转体180°成单环支撑

尼古拉——单环连续三次的施托克里B

博凯——隔环连续三次直接的施托克里A

哈雅西——直接的施托克里B接挺身进直接接另一单环转体180°接挺身出至马端侧撑

童非——马端正撑全旋隔两环挺身转体180°成另一马端正撑（俗称大移位）

克洛尔——环上正撑经环中捷式转体直接挺身出至马端正撑

李宁——正交叉转体 90°经单环起倒立落下成骑撑

托马斯全旋——分腿全旋

梯比尔特——托马斯起倒立转体 180°落下接托马斯全旋

戈比托夫——环中分腿单环起倒立转体 90°落下反交叉成环外骑撑

王崇升——托马斯全旋起倒立转体 180°落下接托马斯全旋转体 90°起倒立落下成骑撑

沙金扬下——侧撑马端两次德式摆越经侧撑挺身下

具有代表性的成套动作

1. 沙金扬 1949 年苏联个人冠军赛

站立右手握环，左手撑马身——跳上直角进接全旋——右腿向后摆越向左反交叉转体 180°，向左反交叉，向右反交叉——左腿向后摆越向右接全旋——环上挺身转体 360°成后撑接全旋——平移出至马端侧撑一侧撑全旋两次接全旋转体 180°经背马头侧撑接全旋转体 180°成侧撑，向左俯腾越下（沙金扬下）。

2. 朱卡林（苏联）1952 年赫尔辛基奥运会

站立右手握环，左手撑马身，跳起向左全旋直角进——全旋，左腿摆越向正交叉——向左正交叉——右腿向前摆越接全旋——环上挺身转体 180°成后撑（捷式转体）——全旋挺身转体 360°成环上后撑——全旋平移出接环外全旋转体 90°成侧撑——马头全旋两次沙金扬下。

3. 切拉尔（南斯拉夫）1962 年布拉格世界锦标赛

马端正立向右侧跳起肩向后转体 180°——直角出、直角进——全旋两次——肩向后转体 180°——直角出、直角进——全旋两次——肩向后转体 540°——平移出、直角进——右腿向右前摆越——向左正交叉——向右正交叉——左腿向左前摆越——向右全旋一次——后撑——右腿向右后摆越——向左反交叉——向右反交叉——左腿向左后摆越——全旋一次——平移出——马头侧撑全旋一次——沙金扬下。

4. 马乔尔（匈牙利）1979 年沃思堡世界锦标赛

马头打滚 360°——内转 90°环外全旋背平移上——施托克里 B 接单环挺身 270°——环上托马斯全旋——两次正交叉——反交叉——全旋跳平移至马端——德式摆越成侧撑——纵向前移至另一马端——转体

180°成侧撑——挺身360°俯腾越下。

5. 李小平（中国）1981年莫斯科世界锦标赛

马端侧撑全旋纵向前移至环中——环中360°——隔环纵向前移至另一马端——反马头两次——纵向——手撑单环依次后移至马头——纵向上单环转体90°至环上——正交叉两次——平移至马端——马端360°挺身下。

6. 李宁（中国）1984年洛杉矶奥运会

马端侧撑全旋纵向前移三位至另一马端——反马头全旋两次——打滚180°——单环进——正交叉转体90°经一环倒立转体90°落下成骑撑——正交叉——全旋——托马斯全旋——托马斯跳平移至马端——德式摆越起倒立挺身下。

7. 比乐泽尔采夫（苏联）1988年汉城奥运会

马端侧撑全旋纵向依次撑单环前移至另一马端——直角单环进——环上打滚至环外——反马头打滚180°——马头托马斯隔环前移打滚180°——环中托马斯全旋一次——托马斯纵向后移一位至另一马端——托马斯隔环打滚180°。托马斯隔环纵向后移两位至另一马端——直角单环进——正交叉两次——环上托马斯全旋反出倒立下。

8. 裴吉洙（朝鲜）1996年波多黎各世界体操单项锦标赛

纵向隔环前移两位至另一马端——反马头全旋两次——纵向后移四位至另一马端——纵向前移三位至另一马端——单环侧撑全旋两次接托克里B两次——纵向前移两位（经环中）至另一单环——单环直接的施托克里B四次接直接的施托克里B两次接挺身转体270°至环外——直角单环进——正交叉两次——单环分腿起倒立转体90°下。

9. 张京津（中国）1998年鲭江世界杯总决赛

马端纵向前移至单环——单环直环直接斯托克里B四次——单环全旋两次直接斯托克里B两次——纵向前移两位至另一马端——纵向后移四位至另一马端——马端俄式挺身转体720°——马端侧撑向前移位单环——单环转体180°接后移两位至另一马端——纵向前移三位至另一马端——反马头全旋两次——直角单环进——正交叉两次——托马斯全旋背跳平移起倒立下。

10. 邢敖伟（中国）1999年天津世界锦标赛

马头全旋两次——纵移单环——施托克里B四次——施托克里B两次单环全旋两次——纵移远单环至马头——纵向后移——前移单环转体180°经环中后移至马端——马头挺身1080°——纵移单环至环上——单腿依次摆越——向右正交叉——向左正交叉——托马斯全旋——环上起倒立转体270°经马头挺身下。

吊环

悬垂摆动技术

悬垂摆动是吊环大幅度摆动动作中的一个最基础最典型的动作，它包含了摆动类动作的基本技术要素。悬垂摆动技术掌握得正确与否，直接关系到衍生动作的发展和质量的提高。

悬垂摆动时，身体始终要伸直，前摆至最高点时含胸，通过两手顶环尽量将肩角拉开，保持良好的支撑感，脚面远伸，肩始终保持顶直姿势，要有锁住肩往下沉浪的感觉，防止漏肩、泻浪。

前摆时的“沉肩兜腿”和后摆时的“沉肩鞭打”技术是摆动中的动力核心。为此，沉肩时身体放松，头保持在两臂之间，强调晚发力和充分下沉的用力方法，达到用力效果。后摆时撩腿要快速有力，同时肩下压成半转肩状态，避免起肩。先上腿是技术的关键，至最高点稍含胸、微抬头，压环起肩使整个身体高于环面。后摆下落接前摆时，向前顶环，两腿后伸，拉长身体进入下摆，这种“半转肩式”的技术对学习向前大回环是非常有效的。

悬垂前后摆动，身体一定要紧张、伸直，手臂不能弯曲，感觉肩关节在环的上面。要避免只是身体摆动而肩部不动的错误。另外要掌握好前后摆动的时间概念，否则容易产生环的摆晃、摆荡。总之，悬垂摆动是吊环最重要的基础技术，一旦留有隐患将影响运动

吊环运动

员今后的成长。

向前、向后高转肩的技术

向后高转肩由悬垂摆动开始，前摆时，向后上方兜腿，接着沿握点迅猛向后上方伸出，同时两臂积极分压环，使身体向上腾起。当肩和身体升至环上时，含胸压环并主动向前推环。注意不要过早抬头，肩要充分顶开，身体远伸，随之大摆落下成悬垂。

向前高转肩由悬垂摆动开始，身体回摆接近垂直部位时含胸沉肩，过垂直部位后，向后上方迅猛摆腿。注意摆腿要充分，肩部成半转肩式。当身体后摆接近吊环水平部位时，直臂、抬头分压环直至环上垂直部位。经前翻时，身体伸直，肩要顶开，有支撑感，否则下摆时，容易出现漏肩、泻浪的错误。

向前、向后大回环技术

由于“窄环”下摆时肩不容易充分打开，手里较空，容易砸浪，半径拉得长，容易出现环的摆荡，更主要的是影响难度下法的完成，因此，许多优秀运动员又改为“宽环”技术来完成向前、向后大回环。

向后大回环下摆阶段是获得摆动动力的关键。从手倒立开始下摆，身体必须伸直，同时直臂“宽环”顶肩。开始下摆时脚要先走，向上顶肩，当身体下摆“失重”后，两臂积极向前推环，稍抬头、出胸，充分拉开肩角。接近垂直面要充分“沉肩”，过了垂直面，两腿立即进行鞭打式的向上“兜腿”。兜腿后持续向上加速，这是技术的关键。随着身体快速上摆而向后侧引环，然后向两侧压环成倒立。

下摆时背弓过大会出现挺胸、塌腰、肩角打不开的错误，产生砸浪，影响摆动力量。到垂直面时，沉肩要充分，兜腿要晚，否则上摆时会出现挺胸塌腰，倒立容易前翻。这种错误如果出现在接下法时，会造成翻转不足而趴地。

向前大回环从手倒立开始下摆，身体必须充分伸直，感觉上先走肩，同时环滑向两侧，梗头顶肩，脚远伸，手腕外翻。感觉如做单杠向前大回环，手里始终有个固定的支撑轴。向下摆动时，尽量保持较大肩角，同时梗脖低头，含胸展髋，脚向前伸，防止漏肩、泻浪。过垂面时沉肩要充分，向后甩腿要晚，先上腿，肩成半转肩状态，避免急于起肩。当两腿后摆上至倒立部位后，两臂向侧下压环，起成倒立。采用半转肩式的技术，有利于向前大回环的完成。前翻时滚肩背弓太大，或是下摆时漏肩、收髋，都将影响向前大回环的完成。

手倒立

吊环倒立要求肩顶开，身体保持顶直姿势，两环稍外翻，手臂不能靠碰吊环带。

倒立下摆成悬垂技术

目前我国优秀运动队在练习中采用“宽环”技术下摆后，强调了肩的作用，很快就掌握了团身720°旋、直体360°旋和直体720°旋等高难度后空翻类下法。由于加强了肩的回环速度与高度，使上述动作伸展时既高又飘。

支樘后翻前摆上——李宁2

支撑前摆开始，两腿加速向上兜腿、翻臀，同时两臂向下压环、顶肩、含胸、梗头。当臀部过垂线后，肩稍后移，向后上伸腿展髋，两臂用力向内夹紧向下压环，要有支撑感；下摆过程中，脚要远伸，肩要拉开，两臂夹紧，身体充分下沉。过垂直部位后向上兜腿，两环稍外分，手臂经外旋向内压环，抬肩成支撑。

倒立下摆转180°再转180°前摆上

由倒立下摆开始，当身体失重心后，迅速交叉环并转体180°，转体的同时肩要向前顶环，脚尖远伸完成转体的速度要快，防止边下浪边转体，过垂直面后摆腿，同时向相反方向转体180°，压环振肩成支撑。在180°转体时加大肩的振幅，减少环的左右晃动。

团身后翻两周成悬垂前摆

由倒立开始下摆，脚尖远伸，将身体尽量拉长落下至悬垂，当下摆接近垂直部位时，充分向下沉肩、沉胸，然后向前上方兜腿、抬头、团身、提背稍分环，使身体在环平面上进入回环状态。当第二周回环至水平时，伸腿展髋，两臂分开成悬垂前摆。

十字支撑

当支撑下落时，两臂伸直深握环并用力向下压环，当身体落至肩与环成水平部位时，稍含胸，全身伸直，两臂内旋销肩扣腕，达到肩与环在一个水平面上。

水平支撑

由倒立部位开始，肩前移，头向前，环外翻，向下方用力压环。下落至水平部位时背肌紧张，腿后背，两臂用力向内夹紧，达到直臂直体成水平姿势。

倒十字支撑

从手倒立下落时，两臂伸直用力压环，身体落到肩与环在一个水平面部位时，要扣腕保护平衡，防止前翻。

具有代表性的成套动作

1. 阿札良（苏联）1954 年罗马世界锦标赛

直臂直体慢翻上成十字支撑——直角十字——直角十字压上——直体前回环成手倒立——前翻后摆上成直角支撑——屈臂直体慢起倒立——直臂落下经水平支撑至十字支撑——左侧十字——右侧十字——经十字落下前翻成屈体悬垂——后转肩——直体后空翻转体 180°下。

2. 远藤（日本）1962 年布拉格世界体操锦标赛

悬垂、后转肩——前摆直臂翻上成倒立——向后大回环——向前大回环——直臂水平支撑——大摆成悬垂——前摆上成直角支撑——直体屈臂慢起倒立——经支撑后倒成前水平悬垂——后上成十字支撑——后转肩——直体后空翻转体 360°下。

3. 米哈尤克（罗马尼亚）1972 年慕尼黑奥运会

慢转肩——向前大转肩——后摆上倒立——向后大回环——前翻后摆上直角支撑——慢起倒立——落下十字支撑——后转肩两次——直体后空翻转体 360°下。

4. 安德里阿诺夫（苏联）1978 年斯特拉斯堡世界锦标赛

后转肩翻上倒立——向后大回环——大摆翻上直角十字——落下前转肩成倒悬垂——屈伸上直角——屈臂直体慢起手倒立——大摆下向后高转肩——直体后空翻两周下。

5. 黄玉斌（中国）1980 年多伦多世界杯赛

前转肩后摆上手倒立——向后大回环——后摆上分腿直角支撑——

水平支撑——十字支撑——屈伸上直角支撑——屈臂直体慢起手倒立——大摆下后转肩——团身后空翻两周转体 360°下。

6. 谢尔博（白俄罗斯）1994 年多特蒙德世界锦标赛

阿札良直角十字——向前转肩落下成倒悬垂——屈伸上直角支撑——直臂屈体慢起倒立——慢落下成倒十字——落下成十字——倒悬垂后转肩——前摆转体 180°——后摆转体 180°——后摆上倒立——向后大回环——后转肩——直体后空翻两周转体 360°下。

7. 李小双（中国）1996 年波多黎各世界体操单项锦标赛

拉起倒悬垂后摆上成倒十字——后摆上成水平十字——水平慢落下经后水平压上成十字支撑——落下屈伸上成直角支撑——直臂直体慢起手倒立——前翻后摆上成水平十字——向后大回环——向前大回环——直体后空翻两周转体 360°下。

8. 凯基（意大利）1997 年洛桑世界锦标赛

后转肩前摆上前翻后摆上成水平十字——压上成水平支撑——慢落下经后水平压上成直角十字——压上成直角支撑——慢起倒立——向前大回环——前翻后摆上成水平十字——慢落下成十字——后倒向后转肩翻上成倒立——直体后空翻两周下。

9. 董震（中国）1999 年天津世界锦标赛

倒悬垂——后摆上水平十字——压上水平支撑——大摆下翻上倒十字——前翻后摆上倒十字——向前大回环——大摆翻上团身后空翻两周——直臂直体翻上成十字——落下屈伸上直角支撑——直臂屈体慢起倒立——向后大回环——直体后空翻两周下。

10. 捷维切夫（保加利亚）2001 年根特世界锦标赛

向前慢转肩——后摆直体成间接直角十字支撑——压上慢起直体成倒十字支撑——慢落下成水平十字支撑——慢落下直接压起成十字支撑悬垂——压上成水平十字支撑——向后大回环成倒立——向前大回环成倒立——向后大回环——直体后空翻两周转体 360°下。

跳马

男子跳马技术

1. 水平类动作技术

水平类动作的技术难点是在踏跳后的摆腿和推手技术环节上。当然一定的助跑速度和正确的上板踏跳技术也是很重要的。

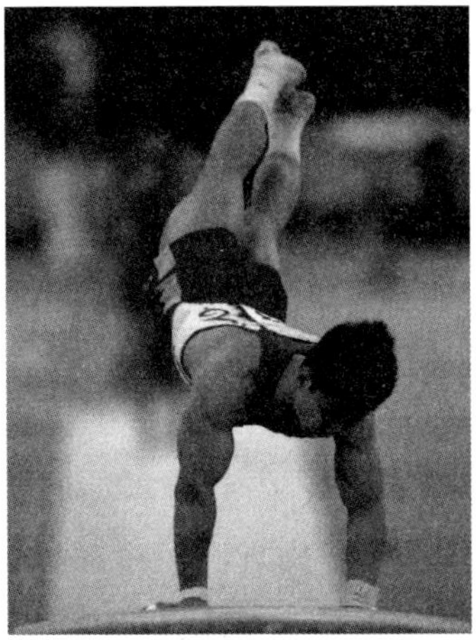

男子跳马运动

根据文献资料，高水平运动员助跑最后一步的平均速度为7米/秒以上。上板要低而快，踏跳短促有力，踏跳时间为0.09～0.12秒，在两腿蹬伸的同时两臂向前上挥摆，摆至肩水平部位立即制动前伸，这样既能加强踏跳的支撑反作用力，又能增加下肢的运动速度，加快身体的翻转。踏跳结束时水平类动作的蹬离角一般来说较翻转型动作小，为73°～79°。

水平类动作第一腾空两腿的后摆既要快速又要有制动，摆腿的方向是后上方，脚摆过头的水平位置即可；在摆腿的同时两手积极主动撑马，肩角拉开147°～157°；撑马一瞬间肩的位置离手较远，两臂与马水平面夹角为47°～55°，这就为以后的推手创造了必要的条件。

水平类动作推手力量比其他类型动作要大，这是由于水平类动作第二腾空身体翻转特点所决定的，它要求推手后身体反向运动。因此，顶肩推手要迅猛有力，两手垂直向下“扒马”，推手时间为0.11～0.15秒，推手特点是肩角缩小，推手同时两腿制动明显，髋关节微屈，根据力学原理，这样能加强推手力量又有利于身体反向运动。推离马时肩的位置不能超过手支撑点的垂直面，推手后两腿继续制动，同时立上体，身体充分伸展，然后两腿前举准备落地。

2. 前手翻类动作

前手翻类动作发展很快，动作难度越来越大，助跑水平速度相应也要快一些，一般要求达到 8 米/秒～8.6 米/秒。上板要快而有力，上板距离要适宜，要把身体重心蹬上去。踏跳要短促有力，踏跳时间为 0.08～0.11 秒，踏跳同时两臂迅速前摆，并尽快前伸扶马，蹬离角为 74°～82°。

踏跳后迅速向前上方摆腿，一直持续到推手阶段，脚的最大运动速度可达到 13 米/秒～15 米/秒，特别是前手翻前空翻类动作，摆腿更为猛烈，身体呈反弓形。在摆腿的同时积极撑马，第一腾空时间要短，大约为 0.22 秒。第一腾空身体重心抛物线的运动方向是逐渐上升的。撑马时身体超过肩水平位置越高越好，推手要迅猛有力，垂直向下“扒马”，顺势推手，既要防止肩关节“顶死”，影响身体的翻转速度和水平速度；又要防止肩关节前冲，影响第二腾空的高度。推手时间很短，为 0.18 秒左右，推手同时制动腿不明显，身体变直，髋角减小，肩角增大，基本上在倒立部位结束推手，肩关节处于支点的垂直位置，推离角为 90°～98°

推手后第二腾空身体重心抛物线高度要比水平类动作高，重心最高点距离地面的高度可达到 2.73～2.83 米，甚至更高一些，这就为发展更多的高难复杂动作创造了有利条件。

3. 侧手翻类动作

侧手翻类动作的助跑速度和踏跳技术基本上同前手翻类动作，其主要区别是踏跳后的动作技术。

踏跳后在加速摆腿的同时从头肩开始迅速转体 90°（实际上在蹬离板瞬间已开始转体），在 0.16～0.20 秒腾空时间内积极主动撑马，第一只手撑马时肘关节弯曲，肘关节角度为 70°～90°，这时身体位置高于肩水平。紧接着第二只手向前侧下方迅猛有力顶肩推手，注意顺势顶马，肩不要“顶死”，两手依次撑马，但间隔时间极短，间隔距离不宜过宽，整个推手时间较前手翻类动作长一些，一般为 0.18～0.26 秒。推手结束时身体在倒立位置或侧起倒立位置，推离角为 75°～91°。如果做塚原类动作，继续转体 90°，两手几乎同时推离马。如果做笠松类动作，两手依次推离马，推离角较小。推手后进入第二腾空，如果只做空翻，注意立肩抬上体，同时兜腿，两臂向躯干靠拢，以加快身体的翻转速度。如果在空翻的过程中还要加转体，则应注意转体时机，一般在推离马立肩的瞬时开始转体。

4. 踺子类动作

男子踺子类动作是由女子跳马移植过来的，与女子跳马踺子类动作的技术无大差别，只是由于器械的高度和位置不同，男子需要的助跑水平速度更快一些，踏跳时的蹬离角稍大一些，撑马推手区域前后方向的活动余地更大一些，但左右方向的推手范围较窄，推手力量的发挥受到一定的影响。

5. 前手翻直体前空翻转体

快速助跑；踏跳短促有力；踏跳后迅速摆腿，髋角明显增大，身体呈反弓形，同时积极主动撑马；顶肩推手迅猛有力，垂直向下“扒马”，顶肩推手过程中制动腿不明显，身体由反弓形变直，在倒立部位推离马；推手后留腿稍屈髋，当上体翻转到接近1/2周时，迅速伸髋同时以头肩带动两臂胸前屈抱转体540°，转体时身体伸直，当身体翻转一周，同时快转完540°时伸开两臂，减小旋转角速度，准备落地。

6. 前手翻团身前空翻两周

助跑速度快；上板快而有力；踏跳迅猛有力，蹬离角为75°～82°；离板后加速摆腿，形成背弓，髋角增大，达到224°～236°，在重心抛物线上升的过程中积极撑马；快速顶肩推手，垂直向下“扒马”，推手同时制动腿不明显，推手结束时身体基本上在垂直位置，身体伸展，推离角为75°～91°；推离马后迅速团身抱腿，第一周是在重心抛物线上升的过程中完成的，第二周虽然在重心抛物线下降的过程中完成，但翻转速度大于第一周，并在马水平面1米以上的位置完成，翻转两周后当上体由头朝下向上翻至水平位置时开始伸髋放腿，尽量伸展身体减小旋转角速度，准备落地。

7. 侧手翻直体侧空翻转体630°

快速助跑，上板快而有力，踏跳短促有力；踏跳后迅速转体90°同时加速摆腿积极撑马，腾空时间短，重心抛物线逐渐上升；第一只手撑马时屈肘（肘关节角度约90°），整个身体高于肩水平位置，紧接着第二只手迅猛有力向前侧下方顶肩推手，注意肩不要“顶死”，两只手撑马的间隔时间极短，间隔距离不宜过宽，基本上在侧倒立部位推离马；推离马后以头肩带动，两臂屈抱帮助身体纵轴迅速转体，纵轴转体平均角度为 11.97 弧度/秒。当身体翻转一周快转完 630°时伸开两臂减小转速准备落地。

8. 侧手翻转体 90°团身后空翻两周

快速助跑；踏跳短促有力，重心垂直速度明显增加，踏跳时间约为 0.09 秒；踏跳后加速摆腿的同时转体 90°并积极主动撑马，第一腾空时间约为 0.15 秒；第一只手撑马时肘关节弯曲，前臂几乎与马面平行，然后第二只手向前侧下方迅猛有力顶肩推手，注意肩不要“顶死”，同时转体 90°，在倒立部位推离马；推手后在向上立肩同时迅速团身抱腿，以加快身体的翻转速度。研究表明，第二周比第一周团得更紧，翻转速度更快。要完成好此动作，身体重心腾空最高点至地面的距离至少应达到 2.70 米以上，腾空时间约为 1.16 秒以上；身体翻转两周之后，当上体由头从下向上立起时迅速伸展身体减小翻转速度准备落地。

9. 踺子后手翻直体后空翻转体 720°

快速助跑，踺子推手后积极主动向后下方打击踏板；踏跳短促有力，蹬离板时身体略微后屈；离板后快速向后摆臂，向后翻转要快，腾空时间要短；撑马后顶肩推手要迅猛有力，推手同时屈髋摆腿身体由反弓形变直，推离角为 94°左右；推离马时开始转体，离马后两臂向胸腹前屈抱以加快转体速度，当身体向后绕横……

10. 踺子转体 180°前手翻屈体前空翻

快速助跑，踺子推手后积极有力踏跳，踏跳时间为 0.15 秒，踏跳蹬腿同时发动转体，两臂由前举摆至上举，蹬离板时身体已转过 90°，重心已越过脚支点垂线，蹬离角为 80°左右。踏跳后在积极摆腿的同时继续完成转体 180°的动作，腾空时间要短，为 0.22 秒左右。顶肩推手要迅猛有力，垂直向下“扒马”，推手时间要短，为 0.18 秒左右，推手同时制动腿不明显，身体在倒立部位推离马。推手后跟肩迅速屈髋抱腿。翻转一周后放腿并伸展身体准备落地。

女子跳马技术

根据动作结构和技术特点以及女子跳马技术发展规律，现代女子跳马动作分为四种类型，即水平类、前手翻类、侧手翻类（包括跳转 180°类）和踺子类。

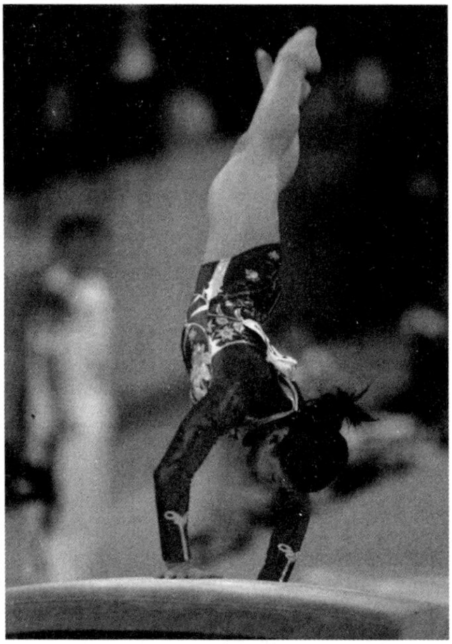
女子跳马运动

1. 水平类动作

女子跳马水平类动作的技术特点及训练方法与男子跳马没有多大差别，但由于男女跳马的高度和位置不同，女子跳马一定要控制好后摆的高度，做水平分腿腾越时腿分大一些，脚过马后及时做挺身立上体的动作。具体内容详见本书中男子跳马章节。

2. 前手翻类动作

女子跳马前手翻类动作的技术特点及训练方法与男子跳马大体相同。由于男女跳马高度不同，与男子相比女子跳马撑马时身体位置稍高，撑马角较大，推手时间也短，肩角顶得更开。做前手翻转体动作时不应出现过大的背弓，身体稍伸直即可。做前手翻前空翻类动作时有两种摆腿技术：一种像男子跳马一样，出现较大背弓；另一种不出现明显背弓，顶肩推手时屈髋制动腿较早。做前手翻接前空翻类动作时，起跳后的撑马角度和摆腿力量都要大于转体类动作。

3. 跳转 180°类动作

女子跳马跳转 180°类动作与男子侧手翻类动作技术有相似之处，都是在第一腾空起跳后加转体。不同之处主要是男子起跳后转体 90°，而且是依次撑马，而女子是起跳后转体 180°，两手同时撑马同时离马。女子在上板起跳第一腾空身体重心抛物线逐渐上升，先摆腿后主动翻肩转体 180°撑马，身体接近倒立部位（与踺子小翻支撑相似）。撑马时两臂伸直，两手撑马时间比男子短（为 0. 04 ~0. 06 秒），推手总时间为 0 02 ~0. 24 秒，两手撑马时几乎平行，身体基本上在垂直位置完成推手动作，推离角为 87° ~100°之间。

4. 踺子类动作

踺子类动作包括踺子后手翻类动作和踺子转体类动作。女子跳马踺子类动作的助跑水平速度比其他类型动作稍小一些，但至少应保持在7.0米/秒以上。

趋步技术有两种：屈腿式和挺身式。屈腿式更符合较长距离快速助跑的特点。

跳马踺子技术与技巧中的踺子技术无多大差别，只是摆腿、蹬地和推手顶肩更迅速有力一些。踺子推手后两脚应积极主动向后下方打击踏板，要垂直砸板，既不能向里贯腿，又不能过分向外踹腿，上板时两臂和上体位置尽量高一些。起跳方向向后上方，两臂经上向后下方摆臂、撑马。

踺子踏跳的缓冲动作主要表现在膝、踝关节角度的弯曲减小上，膝角由130°～150°减小到120°～130°，缓冲时间比其他类型动作稍长，当身体重心接近支点垂线位置时要迅速蹬离踏板，充分蹬直腿直至脚尖离板，整个踏跳时间为0.12～0.16秒，踏跳同时要加速向后上方摆臂，并延续到第一腾空，蹬离板时身体后屈，蹬离角为78°～86°，身体重心位于踏跳点后面。

踺子后手翻类动作踏跳后迅速向后摆臂移肩、挑髋，身体向后翻转要快，撑马要快，腾空时间要短，为0.12～0.20秒，肩角、髋角逐渐加大，身体呈反弓形。当两手撑马时整个身体位置高于肩水平线以上，撑马角为34°～45°紧接着是快速有力的顶肩推手，推手时间为0.12～0.20秒，推手同时迅速屈髋摆腿，推离时制动腿，肩角尽量顶开，身体由反弓形变直，基本上在倒立位置推离马，推离角为87°～102°。

推手后进入第二腾空的空翻动作要特别强调压脚、立肩、抬上体，同时做挑髋动作。完成空翻转体动作时，一般是推离马后发动转体，推手后两臂屈抱身体以加快转体速度。

5. 前手翻屈体前空翻转体540°

快速助跑，踏跳短促有力；踏跳后加速向后上方猛烈摆腿并持续到撑马推手阶段，髋角明显增大，身体呈反弓形，同时积极主动撑马，身体位置较高；紧接着快速有力顶肩推手，两手向下“扒马”，垂直顶肩，推手同时制动腿，身体由反弓形变直，肩角顶开，在垂直位置推离马；推手后压脚、跟肩、屈髋（髋角减小至90°左右），当身体翻转1/2周上体快要立起时立即伸髋转体540°，转体方向的臂屈抱身体，转体同时伸直身体继续向后翻转一周。

6. 踺子后手翻直体后空翻转体 720°

快速助跑，踺子踏跳短促有力；踏跳后在身体重心抛物线上升的过程中快速向后翻转，积极主动向后摆臂撑马；然后迅猛有力顶肩推手，在倒立部位推离马；推离后开始转体，以头肩带动两臂向胸腹前屈抱，在身体向后翻转一周的过程中迅速转体 720°，当转完 630°以后伸开两臂以减小转速准备落地。

7. 踺子转体 180°前手翻屈体前空翻转体 180°

踺子推手要有力，向后上方起跳，起跳同时转体 180°；积极主动撑马，迅速摆腿，充分摆开；然后利用身体反弹迅速向下垂直“扒马”顶肩推手，同时制动腿，身体伸直，在倒立部位推离马；推手后压脚、跟肩、屈髋（髋角减小至 90°左右）；当身体向前翻转 1/2 周后立即以脚尖带动伸髋转体 180°，同时身体伸直继续绕横轴翻转一周后至落地。

8. 跳转 180°手翻转体 180°直体前空翻

快速助跑，短促有力踏跳；踏跳后迅速起跳摆腿同时翻肩转体，积极主动撑马，身体充分摆直，撑马时身体接近于倒立位置；然后两手迅速顶肩推手，在倒立部位推离马；推离后积极主动压脚立上体，在翻转的同时转体 180°。转体过程中要梗头、含胸，腿要有第二次加速摆的动作帮助直体向前翻转。

具有代表性的成套动作

1. 朱卡林（前苏联）1952 年赫尔辛基奥运会

水平直体腾越

2. 山下治广（日本）1964 年东京奥运会

屈体前手翻转体 360°腾越

3. 琢原光男（日本）1970 年卢布尔雅娜世界锦标赛

侧手翻转体 90°团身后空翻

4. 考斯特（前民主德国）1972 年慕尼黑奥运会

前手翻团身前空翻

5. 笠松（日本）1974 年瓦尔纳世界锦标赛

侧手翻团身侧空翻转体 270°

6. 楼云（中国）1988 年汉城奥运会.
前手翻直体前空翻转体 540°
7. 米修金（乌克兰）1995 年鲭江世界锦标赛
前手翻团身前空翻两周
8. 涅莫夫（俄罗斯）1996 年亚特兰大奥运会
踺子转体 180°前手翻屈体前空翻
9. 卢裕富（中国）1999 年天津世界锦标赛
侧手翻转体 90°屈体后空翻两周
10. 蒂格尔斯库（罗马尼亚）2001 年根特世界锦标赛
前手翻团身前空翻两周转体 180°
11. 恰斯拉夫斯卡（捷克）1964 年东京奥运会
屈体前手翻
12. 杨茨（民主德国）1972 年慕尼黑奥运会
屈体前手翻转体 360°
13. 科尔布特（苏联）1974 年瓦尔纳世界锦标赛
跳起转体 360°前手翻转体 360°
14. 涅利·金（苏联）1976 年蒙特利尔奥运会
跳转 180°直体后空翻转体 360°
15. 科马内奇（罗马尼亚）1979 年东京世界杯
前手翻团身前空翻转体 180°
16. 尤尔钦科（苏联）1982 年卢布尔雅那世界杯
踺子后手翻直体后空翻转体 360°
17. 萨博（罗马尼亚）1984 年洛杉矶奥运会
前手翻转体 180°团身后空翻
18. 佩斯库斯（白俄罗斯）1993 年世界单项锦标赛
踺子后手翻直体后空翻转体 720°
19. 伊伦娜（俄罗斯）1999 年天津世界锦标赛
前手翻团身前空翻两周
20. 霍尔金娜（俄罗斯）2001 年根特世界锦标赛
踺子后手翻转体 180°直体前空翻转体 540°

双杠

倒立支撑摆动技术

在完整的支撑摆动中，最关键、最难掌握的技术是从倒立开始的下摆。它是完成所有支撑前摆类动作的最主要动力来源。长期以来，该技术环节始终是训练中的重点，由于技术的发展，支撑下摆技术也有了相应变化。

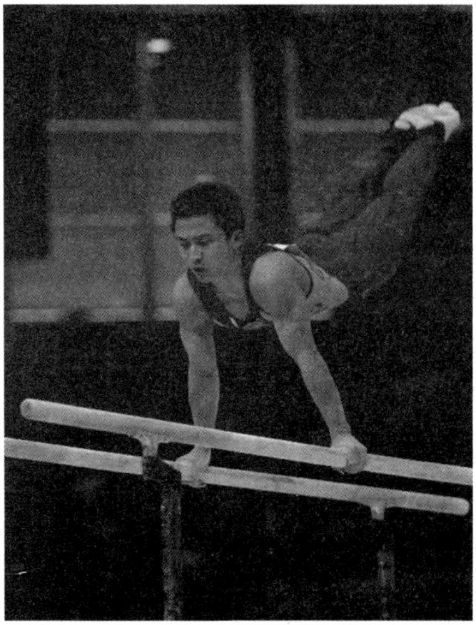
双杠运动

从倒立开始下摆时，脚尖要远走。下摆过程中要向上立肩。摆至肩水平面时，要展髋，顶开肩角，为前摆兜腿做好充分准备。

大力回环下摆

大回环出现于80年代初，历经十几年的发展，动作不断创新，难度不断提高，至今已形成独立的动作类型，并在双杠中占有重要地位。大回环是该类中最基本的动作，是发展该类其他动作的基础，而大回环的下摆技术则是完成该动作的关键技术，也是进一步发展该类其他动作所必须掌握的重要技术环节。

倒立开始，下浪时脚尖走远做“点脚”动作，含胸下摆。下摆时，手腕扣住杠，晚下杠。下摆至杠下45°时，展开胸、髋。至杠下垂直面时身体充分伸开并向下沉。身体摆过杠垂直面后，尽量晚兜腿。

后摆经倒立前翻体360°成支撑

前翻转体360°成支撑（希里）早在70年代的难度表中就已出现，但动作的潜在价值是在80年代以后才得以充分发挥，尤其是在评分规则中有了连接加分的规定以后，受到广泛的重视，它在支撑后摆动的连接中起到了承上启下的作用，因而是一个新的基本难度动作。

经倒立后，脚尖一直向前、向远“顶”。前翻时，支撑臂始终向上顶。做动作的时候用背部带动身体边翻边转体，转体后手臂主动迅速撑杠顶肩，使肩角拉开。

具有代表性的成套动作

1. 朱卡林（前苏联）1952 年赫尔辛基奥运会

杠中侧立——后上成支撑——前摆直角支撑——分腿慢起成手倒立——后空翻成支撑——后上成手倒立——挂臂后滚翻成手倒立——前摆转体 180° 成支撑——后上成挂臂——前摆上——后摆肩向后经倒立转体 180° 成支撑——后倒弧形挂臂——后摆上分腿向前摆越成屈臂撑——后摆推起成手倒立——直体后空翻转体 180° 下。

2. 远滕（日本）1962 年布拉格世界锦标赛

杠端跳起后回环成手倒立——挂臂前摆上转体 180° 成支撑——后倒弧形挂臂——后摆上分腿向前摆越成直角支撑——屈体慢起成手倒立——后空翻成支撑——后回环成肩倒立——后滚翻成手倒立——前摆转体 180° 成支撑——后倒弧形挂臂——后摆转体 180° 成支撑——后摆倒立转体 180°——挂臂前摆上——后摆前空翻转体 180° 下。

3. 笠松（日本）1972 年慕尼黑奥运会

弧形上成支撑——后摆倒立转体 180° 成倒立——后空翻成手倒立——前摆转体 360° 成手倒立——后倒弧形挂臂——后摆转体 180° 成支撑——后摆肩倒立前滚翻——后摆上分腿向前摆越成直角支撑——分腿慢起成手倒立——前摆团身后空翻两周下。

4. 康纳尔（美国）1979 年沃恩堡世界锦标赛

杠外正立双手握远杠——翻上转体 90° 成两杠倒立——倒立转体 270° 成横杠倒立——大摆落下分腿前上——转体 90° 成一杠分腿支撑——分腿慢起成两杠手倒立——前摆转体成倒立——前摆转体 360° 成倒立——挂臂前摆上成支撑——后摆倒立转体 180° 成倒立——支撑前摆团身后空翻两周下。

5. 莫吉里尼（前苏联）1985 年蒙特利尔世界锦标赛

杠中侧立——长振屈伸上分腿向后摆越成手倒立——支撑前摆转体 180° 成手倒立——大摆落下前摆上成支撑（莫依）——后摆成手倒立——倒立前翻转体 360° 成支撑（希里）——后摆转体 180° 成支

撑——后摆倒立转体 180°成手倒立——向后大回环成手倒立——支撑前摆转体 180°成手倒立——后空翻成手倒立——后空翻成手倒立——支撑前摆团身后空翻两周下。

6 李敬（中国）1989 年斯图加特世界锦标赛

杠中侧立——长振屈伸上分腿向后摆越成手倒立——向后大回环转体 360°成倒立——向后大回环成手倒立——支撑前摆转体 180°成手倒立——“莫依”成支撑——后摆转体 180°成支撑——“希里”——“希里”——支撑后摆团身前空翻两周挂臂——后摆落下长振屈伸上成支撑——后摆倒立转体 180°成倒立——支撑前摆转体 180°成手倒立——支撑前摆屈体后空翻两周下。

7. 谢尔博（白俄罗斯）1993 年伯明翰世界体操单项锦标赛

杠端跳上分腿向前摆越成直角支撑——分腿慢起成手倒立——向后大回环转体 360°成手倒立——向后大回环转体 360°成手倒立——向后大回环转体 180°成手倒立——倒立转体 180°——“莫依”成支撑——后摆团身前空翻两周成挂臂——后摆上分腿向前摆越成屈臂撑——后摆推起成手倒立——“希里”成支撑——“希里”成支撑——后摆跳转 180°成手倒立——前摆转体 180°成手倒立——后空翻成倒立——屈体后空翻两周下。

8. 黄力平（中国）1994 年多特蒙德世界锦标赛

横杠并腿前上慢起倒立转体 90°成两杠手倒立——屈体后空翻两周成挂臂——前摆上，后摆倒立——“希里”——“希里”——后摆跳转 180°成倒立——向后大回环——团身后空翻两周成挂臂——前摆上，后摆经倒立转体 180°——前摆转体成倒立——后空翻成倒立——屈体后空翻两周下。

9. 张津京（中国）1997 年洛桑世界锦标赛

横杠并腿前上慢起倒立转体 90°成两杠倒立——支撑前摆屈体后空翻两周成挂臂——前摆上支撑——后摆倒立转体 180°成手倒立——向后大回环转体 360°成倒立——向后大回环转体 360°成倒立——大回环团身后空翻两周成挂臂——挂臂前摆上——后摆倒立前翻转体 360°成支撑——后摆跳转体 270°成横杠倒立——横杠长振屈伸上后摆倒立转体 90°成倒立——支撑前摆屈体后空翻两周下。

10. 吐温山德（美国）2001 年根特世界锦标赛

杠中屈伸上——直角支撑——屈体慢起手倒立 2 秒——大回环转体 360°——大摆屈体后空翻两周挂臂——前摆上——后摆成倒立转体 180°——后上成倒立——大摆团身后空翻两周挂臂——前摆上——后摆成倒立转体 180°——后倒成挂臂接后摆上成倒立——直体后空翻成倒立——屈体后空翻两周下。

单杠

向后大回环技术

下摆沉浪阶段。从倒立位开始，直臂顶肩，充分拉开肩角，至杠水平面时，髋逐渐打开，成体后屈，至杠后下约 45° 时，充分向前下沉肩，这样有利于鞭打振浪。

振浪阶段。下摆至垂线时，胸髋完全打开，直至前下约 45° 时再做振浪兜腿动作。兜腿时，实际是做兜躯干动作，屈的位置在胸部，并不在髋部，如果兜腿位置不对，则不利于越杠和下法的高、飘、稳。兜腿时还要注意肩的走向，即肩要继续走，因为肩位越高，越杠时空翻就越高，反之就会影响空翻高度。

向后“盖浪”鞭打振浪技术

这是我国著名体操教练张健和运动员童非于 1978 年创造出的新技术动作，现已成为全世界优秀体操运动员普遍采用的新潮流振浪技术。其特点是下沉更加充分，振浪鞭打快而有力，为各类下法以及飞行动作提供了更大的速度和动力，自然增加了动作的高度、准确性和美感。

单杠运动

从倒立下浪到垂直部位与前述向后大回环相同。身体摆过杠前下方 45°后，向杠后上方快速兜腿，同时做含胸、拱背、顶肩动作，身体不经过倒立部位而使身体重心迅速到达杠后上方45°~30°之间，髋角、肩角均呈135°左右，两手稍扣腕握杠（展髋再翻腕推杠、顶肩），并迅速下落（打开肩、髋角度）时间和位置视后面连接的下法及动作不同因人而异。原则上是比其他振浪技术的展髋时间要早一些，速度要快而猛。肩、胸、髓要充分展开，出大背弓，一直下沉到垂直面。根据所连接的动作不同而决定兜腿的不同时间和方向。

向后大回环连接下法的技术

下法的沉浪是在杠后下45°左右，沉浪过杠下垂直位置后就可以用力兜腿。

下法的关键技术在于上脚与走肩的动作要做好。即兜腿和走肩的方向，强调脚可以稍向后肩最好能在水平线上向前走肩，身体和手臂几乎成直角，身体重心应在杠水平面上，这样有利于身体的旋转。

后空翻越杠动作技术

后空翻越杠动作是现在单杠技术中比较流行的一类动作。向后大回环在杠后下45°左右开始沉浪，前摆过垂线后开始兜腿。

放手时机应在杠前上50°~60°之间，自我感觉是脚向天花板上走，同时做立肩翻背动作，这样就有利于空翻的高度和翻转速度，有利于高质量地完成空翻越杠动作。

特卡切夫腾越——前摆分腿腾越或悬垂

下摆阶段：由倒立位开始，下摆时身体并不过分向后远伸，而是脚快速向下，稍屈体，犹如向下扣，以便做好鞭打振浪的准备，至杠后下约45°时，伸展身体充分沉肩，髋快速前送，小腿协调放松。

上摆阶段：摆过杠垂直位置，快速向上兜腿、含胸、留肩，髋角急剧变小，当脚上摆至杠上45°左右时，两腿迅速制动，同时充分展髋挺身，快速急剧地向上振胸顶肩，形成最大背弓，随即放手进入腾空过杠，准备握杠。

腾越阶段：放手瞬间，积极主动立肩，稍含胸拱背、提气，向前梗头，目视单杠，向后分腿腾越过杠并在身体下落时主动伸手握杠，下摆完成动作。

屈体正掏

下摆时，要求充分的顶肩、含胸，重心远离握点，成屈体形式。开始下摆过程中，稍留肩，进腿稍晚（当下摆至水平位时再迅速进腿）。

接近垂直面时，身体要充分下沉，且沉于肩胸。

摆过垂面接近水平位时，直臂用力拎杠，加速屈体上摆，当接近垂面时出腿、伸髋并有制动，成倒立。

中穿前上——倒立，屈体向前摆越，后撑前回环成扭臂握倒立

该动作目的是为了连接后悬垂向前大回环（反吊）的主要动作，整个动作可分为两个阶段：第一阶段：从倒立开始做屈体摆越成后撑。第二阶段：从后撑做前回环，使之组成一个有机的完整动作。向前大回环至倒立时，稍过垂线，重心前移，直臂顶肩，含胸提气提臀，快速屈体摆越过杠成屈体后撑，随即肩前移，大腿和胸部叠紧，重心尽量远离握点，开始前回环；回环至后上45°左右，快速用力向上伸腿展髋，同时向后翻背顶肩，梗头。眼视脚尖，身体垂直向上成扭臂握支撑倒立，为后悬垂向前大回环做准备。

直体反吊大回环

该动作可以有许多不同的连接变化，如换握转体、腾空、空翻再握等。并可以由中穿前上、转体、跳换握等来连接，当从扭臂握倒立前翻时，顶肩要充分，身体伸直，眼视脚尖，重心远离握点，自然下摆。

当身体下摆至杠前下约45°时，含胸、留腿，充分下沉肩背，形成肩与髋快速后摆稍屈体的外形；当肩摆过杠后下约30°时，快速有力地向后上撩腿（倒立方向），然后又迅速翻腕、提背（直体）成扭臂握倒立。

反吊接直体前空翻成悬垂

从反吊技术的倒立开始，顶肩要充分，身体伸直，眼视脚尖，重心远离握点，自然下摆，脚尖向远处伸（又称点脚）。下摆至杠前下约45°时，身体充分下沉。当摆至杠后下45°时，迅速顶肩、撩腿。翻转到前半周时，向前走脚的同时向后走肩，后半周翻转时，则应迅速向上梗头、立肩，准备握杠。

前摆直体后空翻转体540°成悬垂

倒立下摆开始，至杠后下约45°时开始沉肩，髋和肩快速领先，身体形成反弓，到达杠下垂面时沉肩要充分（肩角要尽量拉大），身体摆至杠前下方45°后向上兜腿，肩接近杠水平位时顶肩放手，向前走肩的同时向上、向后走脚，异侧臂向转体方向掏手，宜晚转体。

具有代表性的成套动作

1. 阿柏拉列亚（意大利）1912年斯德哥尔摩奥运会

正反握悬垂——弧形转体180°成正握悬垂——前摆屈体摆越（又称中穿腿）接向后弧形摆成后悬垂——前摆上成后撑——后倒接屈伸上——后回环成悬垂——前上成后撑——后倒接屈伸上成手倒立——向后大回环转体180°成反握倒立——向前大回环后摆上同时屈腿摆越接前回环——脚站立杠向后跳下。

2. 根特哈德（瑞士）1952年赫尔辛基第15届奥运会

正握起摆——后摆分腿向前摆越成后撑——后倒弧形前摆转体180°成正反握悬垂——前摆——手换反——反握屈伸上成倒立——向前大回环一次——例立前翻——手换正握——后摆直角摆越成正握悬垂——屈伸上换反握倒立——向前大回环转体180°成正握——向后大回环成分腿立撑——弧形转体成正握——后向大回环——交叉握转体180°成反握倒立——向前大回环一次——分腿燕式腾越下。

3. 小野（日本）1956年墨尔本奥运会

正握起浪前摆——后摆转体360°成正握悬垂——后上——正吊大回环一次——正吊摆上——弧形前摆转体180°成反正握悬垂——前摆——手换反——屈伸上成倒立——向前大回环倒立——手换扭臂握——后摆转体360°成正反握——后摆接直角摆越成正握悬垂——屈伸上换反握倒立——向前大回环——中穿腿前上接扭臂握大回环一次——扭臂握后摆换反握倒立——反转正——正转反——向前大回环一次——分腿燕式腾越下。

4. 小野（日本）1960年罗马奥运会体操比赛

正握起浪前摆一弧形转体180°成正反握倒立——前摆——手换反握接中穿腿前上转体360°成反正握——后摆转体360°成正握悬垂——

后上——正吊大回环一次——正吊前摆转体 180°成支撑——腾身回环倒立——向后大回环接正掏——倒立同时换反握——向前大回环——手换扭臂握——转体 360°或正反握——后摆接直角腾越——屈伸上同时换反握成倒立——向前大回环——分腿燕式腾越下。

5. 笠松（日本）1978 年斯特拉斯堡世界锦标赛

反握起浪成倒立接反掏——反转正——特卡切夫腾越——屈伸上换反握倒立——向前大回环接中穿腿前上——反吊大回环一次——反吊跳转 180°成倒立——正掏——倒立双手换反握接反掏——猫跳——屈伸上换反握倒立——反转正——向后大回环一次——团身后空翻两周转体 360°下。

6. 特卡切夫（苏联）1981 年莫斯科世界锦标赛

正握起浪腾身倒立——正握向后大回环倒立转体 180°成扭握——反吊大回环——手扭握单臂下摆转体 360°又反转 180°成双手正握倒立——正掏——倒立跳反——反握向前大回环——反单臂大回环转体 180°接正单臂大回环转体 180°——反握大回环倒立中穿腿接前上——反吊大回环一次——扭臂握大回环转体成倒立——特卡切夫腾越——前摆换反握——屈伸上倒立——反握大回环两次——直体后空翻两周下。

7. 比洛泽尔采夫（苏联）1983 年布达佩斯世界锦标赛

正反握起浪倒立换反握——向前大回环 1 次——反握单臂大回环 1 次转正握单臂大回环 1 次——正握大回环接特卡切夫腾越——京格尔空翻——屈伸上后摆倒立——向后转体 180°成反握倒立——向前大回环 1 周转体 360°成反吊——1 周跳转 180°成正握——大回环 2 次——团身后空翻两周转体 720°下。

8. 哈尔科夫（白俄罗斯）1993 年伯明翰世界体操单项锦标赛

正反握起浪转体 180°成正握——向后大回环一周——团身后空翻两周越杠接特卡切夫——向后大回环一周接并腿特卡切夫——并腿特卡切夫——京格尔空翻——屈伸上跳换反握成倒立——向前大回环一周——中穿前上转肩成扭臂握——反吊大回环一周扭臂大回环跳转 180°成正握——向后大回环两次——团身后空翻三周下。

9. 韦克尔（德国）1995 年鲭江世界锦标赛

并腿正握反掏——并腿正握反掏转体 180°——正掏——向后大回

环团身后空翻一周半越杠成悬垂——向后大回环团身后空翻一周半越杠成悬垂——大回环转体 180°成反握倒立——中穿前上——反吊——扭臂大回环转体 180°成倒立——直体后空翻两周转体 360°下。

10. 马里斯（希腊）2001 年根特世界锦标赛

后摆上经倒立转体 180°——向后大回环转体 180°——向前大回环——团身前空翻两周转体 180°再握——向后大回环转体 180°——向前大回环——单臂大回环转体 360——并腿反掏转体 360°成扭臂——扭臂大回环换反转体 360°成扭臂握——扭臂向前大回环转体 180°——直体后空翻两周转体 720°下。

高低杠

高低杠是女子竞技体操中唯一的高器械项目，其所有动作都是运用摆动技术和利用身体屈伸动作来完成。高低杠的一套动作内容包括屈伸上摆动成手倒立、大回环、转体、空翻、腾越、弧形、换握、绷杠等，其技术结构与男子单杠相似，只是器械结构上有些特殊性。

高低杠运动

反吊技术

反吊技术是我国教练员和运动员于 20 世纪 80 年代在高低杠上首次开发的新技术，经过十多年在实践中不断拓展，已经演化为反吊系列技术。从近几年的全国比赛可以看出我国运动员绝大部分已掌握了反吊技术并已形成自己的特色。

反吊系列技术是以反吊大回环为中心，由不同的上下连接技术构成，即完成一个反吊大回环动作，必须包括三个以上的动作组合，这种组合充分体现了它的使用及连接的价值。

（1）向后大回环转体 360°成扭臂倒立

回环进入兜腿时开始转体，当身体上升到杠水平以上45°左右时，以左臂为支撑，右手离开杠向左转体180°成右手正握、左手反握手倒立，身体总重心立即向右移动以右臂为支撑左手推离杠继续转体180°，左手立即内旋扭臂握杠成扭臂倒立。这个动作所连接的反吊大回环需要改变运动的方向，所以转体成扭臂倒立时身体总重心不能越过杠上垂直部位。

（2）向前大回环转体360°成扭臂倒立

向前大回环至接近倒立时重心移向左臂，右手离杠立即贴近腹部，同时梗头并靠近左臂，眼下看，并以左臂为支撑向左转体，转体接近360°时右手立即内旋扭臂撑杠成扭臂握倒立。

（3）反吊大回环

从半转肩的扭臂倒立开始，顶直身体前倒，下落至杠水平部位时充分顶直肩做收髋动作使双脚越过低杠，到杠下垂直部位时尽量沉肩，并保持收髋。整个身体摆过杠下垂直部位以后开始做强有力的甩腿动作。身体后摆至杠水平以上后迅速制动腿，同时提臀、翻腕成扭臂屈体倒立，然后伸髋成扭臂倒立。在整个回环过程中注意始终保持半转肩状态。

（4）反吊大回环向后转体180°成手倒立

反吊大回环后摆、提臀成屈体扭臂支撑瞬间立即伸髋，当身体伸直接近倒立部位时头迅速靠近支撑臂，充分利用向上伸髋的速度向左移动重心，同时右手推离杠向左，经左臂支撑转体180°成手倒立。

（5）反吊大回环跳转180°成手倒立

反吊大回环后摆接近倒立部位时双手离杠，同时梗头向转体方向扭动。眼向左看杠，左手跳换成反握，右手贴近腹部，以左臂为支撑转体180°，右手迅速撑杠。

（6）反吊前空翻再握

完成这一动作需要加快反吊大回环的速度，当身体从倒立部位前倒时顶直肩稍挺髋以加快身体运动速度，身体下落至杠水平时保持顶直肩，收髋，有利于双腿过低杠，下摆至垂直部位时充分沉肩，保持收髋，身体下摆过杠下垂直部位后，开始向后上方做强有力的甩腿动作，双腿摆过杠水平面以上约30°时迅速制动腿，两臂顶住杠子提臀，同时双手离杠，上体主动靠向下肢，使身体在杠后上方翻转一周，身体还未下落前，含胸，双手主动抓杠伸髋下摆。

（7）反吊团身前空翻两周下

其鞭打振浪技术与反吊前空翻不同之处是甩腿后顶开身体后摆，摆腿方向是杠子的后上方，当双腿摆过杠后水平部位以上后脱手离杠，提臂同时屈腿，上体迅速靠近下肢，双手抱住小腿，团身要紧，使身体在空中快速翻转两周至上体接近垂直部位时伸髋伸腿落地。

大回环技术

（1）向后大回环

向后大回环在80年代初是高低杠上的高难度动作，现在是非常重要的基本难度动作，很多高难度动作需要用它来连接，向后大回环质量的好坏直接影响到高低杠技术的进一步发展，为此，在女子高低杠的基础训练中它是必须重点抓好的动作之一。

（2）向前大回环

向前大回环是高低杠技术中一个极重要的基本动作，运动员可用它来连接很多高难度动作，它和向后大回环一样，其质量的高低直接影响技术的进一步发展，它的运动方向和向后大回环相反，其规格质量与向后大回环相同：即速度要快，要有沉肩和振浪鞭打技术，这种振浪鞭打技术与向后大回环相反，是伸、屈、甩腿动作。

分腿支撑后（前）回环技术

分腿支撑回环动作最常见的是正掏和反掏，在70年代后期至80年代初期，国内外有许多运动员在比赛中采用正掏和反掏技术。

（1）正掏倒立转体360°

这个动作从正握手倒立开始，当整个身体后倒处于失重状态时，顶直肩收髋后倒，并在后倒过程中分腿屈髋，当下落至杠下垂直部位时屈体达到最大限度，两腿尽量超过上体以储备伸髋的最大能量，当身体越过杠下垂直部位后接近杠前水平部位时，以最大的速度迅速伸髋，与此同时顶开肩并以左臂为轴转体180°成反握手倒立。紧接着利用转体惯性以右臂为轴继续转体360°成手倒立。

（2）反掏倒立转体360°成扭臂悬垂

这个动作从反握手倒立开始，尽量顶直身体前倒，当身体处于失重状态时，开始分腿屈髋，随着身体前倒迅速减少屈体角度，当身体下落至杠下垂直部位时，屈体达到最大限度，两腿向上体下压并越过躯干，身体后摆接近杠后水平部位时压肩、提臀，当身体总重心上升至杠水平面以上开始伸髋并腿，与此同时将身体重心移至左臂，右手离杠贴腹，以左臂为支撑迅速转体，当转体接近360°时右手内旋握杠成扭臂悬垂。

弧形动作技术

弧形动作作为低杠和高杠之间的连接动作，是丰富成套的编排内容的重要连接技术。目前普遍采用的有高杠弧形前摆转体180°成低杠支撑或成低杠倒立，低杠腾身回环飞越低杠换握高杠，腾身回环转体180°换握高杠，腾身弧形换握高杠等。

具有代表性的成套动作

1. 科尔布特（苏联）1972年慕尼黑奥运会

面对高杠，跳起低杠长振屈伸上换握高杠——仰卧屈伸上后摆蹲高杠——跳起直体后空翻握高杠——悬垂前摆低杠腹回环绷杠反抓高杠——换握低杠长振前上——仰卧屈伸上屈体摆越向前落下至低杠腹撑前回环——分腿摆倒立至高杠腹撑——前回环后摆成手倒立转体180°腹弹低杠，并腿摆越低杠——高杠悬垂屈伸上——支撑前回环——后摆分腿立撑换反握向前回环3/4、腿蹬杠挺身后空翻下。

2. 科马内奇（罗马尼亚）1976年蒙特利尔奥运会

面向低杠转体180°低杠屈伸上换握高杠——高杠仰卧屈伸上——后摆分腿前空翻成高杠悬垂——前摆——后摆转体360°成高杠悬垂——前摆换握低杠——长振屈伸上——支撑前回环——后摆分腿前空翻交叉握高杠——转体360°换握低杠——长振屈伸上换握高杠——高杠仰卧屈伸上后摆倒立转体180°——大摆腹弹低杠后摆上——腾身倒立——腾身倒立——落下成屈体立撑——弧形转体180°团身后空翻下。

3. 沙波什尼科娃（苏联）1977年中日杯体操比赛

面对低杠站立——长振屈伸上——腾身倒立换握高杠悬垂——低杠长振前上换握高杠——仰卧屈伸上后摆倒立转体180°——向后大回环——正掏——向后大回环——团身后空翻两周下。

4. 马燕红（中国）1979 年沃思堡世界锦标赛

面对低杠站立——跳起转体 180° 低杠屈伸上——后摆倒立——长振前上——高杠仰卧屈伸上——腾身回环转体 360° 成倒立——低杠腹回环绷杠（反向）成扭臂握——转体 180° 换握低杠长振屈伸上换握高杠——高杠屈伸上后摆倒立转体 180°——腹弹后摆上——腾身倒立——正掏——腹弹分腿越低杠——高杠屈伸上——支撑后回环绷杠转体 180° 团身前空翻下。

5. 格瑙克（民主德国）1982 年卢布尔雅那世界杯比赛

面向低杠助跑跳起转体 180° 高杠屈伸上后摆倒立——腾身倒立——大回环——正掏——腹弹后摆上屈体腾越高杠转体 180°——低杠长振屈伸上换握高杠——仰卧屈伸上后摆倒立转体 180°——腹弹低杠后摆上——腾身倒立——弧形前空翻转体 180° 下。

6. 金光淑（朝鲜）1991 年印第安纳波利斯世界锦标赛

面向低杠助跑分腿腾越低杠换握高杠——高杠屈伸上后摆倒立——特卡切夫腾越——前空翻转体 180° 换握低杠——长振屈伸上后摆倒立转体 180°——长振前上换握高杠——高杠屈伸上后摆倒立——向后大回环转体 540° 成一手反握——手扭臂握悬垂——后摆分腿前空翻成高杠悬垂——前摆弧形转体 180° 越低杠——低杠长振分腿前上换握高杠——高杠屈伸上后摆倒立——向后大回环——直体后空翻两周下。

7. 陆莉（中国）1992 年巴塞罗那奥运会

面向高杠助跑跳上高杠屈伸上后摆成手倒立跳换反握——向前大回环转体 360° 成扭臂悬垂——反吊大回环——分腿前空翻成高杠悬垂——弧形前摆转体 180° 越低杠成低杠腾身支撑——低杠长振屈伸上后摆倒立——腾身倒立——腾身倒立换握高杠——高杠屈伸上后摆倒立——特卡切夫腾越——高杠屈伸上后摆倒立——向后大回环——直体后空翻两周下。

8. 莫慧兰（中国）1994 年多特蒙德世界锦标赛

面向低杠长振屈伸上后摆倒立，腾身弧形换握高杠——屈伸上后摆倒立——向后大回环转体 180° 成反握手倒立——向前大回环团身前空翻一周半越杠成高杠悬垂——换握低杠长振屈伸上后摆倒立转体 180°——长振屈伸上后摆倒立——腾身回环换握高杠——高杠屈伸上后摆倒立——向后大回环转体 180°成扭臂倒立——反吊大回环——反吊大回环后摆上成反握手倒立转体 180°——特卡切夫腾越——高杠屈伸上后摆倒立——向后大回环——直体后空翻两周下。

9. 霍尔金娜（俄罗斯）2000 年悉尼奥运会

面对低杠助跑分腿越低杠成高杠悬垂——屈伸上后摆倒立——向后大回环转体 540°成倒立——马凯洛夫腾越——屈伸上后摆倒立转体 180°——正掏后切——直体后空翻换握低杠——正掏——弧形转体 180°换握高杠——屈伸上后摆倒立——大回环两次——团身后空翻两周转体 360°下。

10. 英特尔（荷兰）2001 年根特世界锦标赛

面向低杠长振屈伸上后摆倒立——屈体立撑后回环——高杠屈伸上后摆转体 180°成反握倒立——向前大回环转体 180°成倒立——正掏转体 540°成倒立——叶格尔空翻——屈伸上后摆转体 360°成手倒立——前摆转体 180°成低杠手倒立——长振屈伸上转体 360°成倒立——正掏换握高杠悬垂——屈伸上后摆倒立——向后大回环两次——团身后空翻两周转体 360°下。

平衡木

跳步

所有的跳步都必须充分起跳。动作要有高度，空中姿态优美，并要注意动作的技术规格。

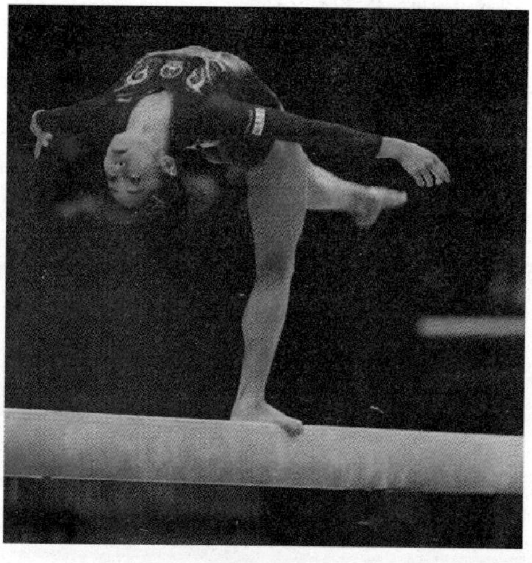

平衡木运动

右腿站立，左腿前举，两臂侧平举。左腿经前举 45°向前跑两步，接着左腿快速向前上方踢起，同时右腿蹬木向上跳起，两臂前后自然摆动，向前跑动时要求立髋、立肩、脚踩实。起跳腾空时立髋、立肩，两腿快速交换向前后摆动，空中两腿开度

180°，两臂前后自然摆至左臂前平举，右臂侧平举。右腿主动踏木，同时立肩、立髋、举后腿。

趋步踺子

趋步时，身体重心主动前移，两臂自然前后摆动。趋步蹬起时，肩正、梗头、收腹、立髋。含胸主动下手支撑，同时快速摆腿（双手扶木方法：先支撑的手内转，横木支撑，第二只手纵木支撑手指尖对着前面一只手，两手距离不宜太大）。蹬地腿主动蹬地后迅速与摆动腿并拢，同时转体180°。整个动作过程要求经过手倒立。梗头推手立肩、提气、收小腹、立髋，两腿夹紧以前脚掌主动落木。

后手翻

梗头、立肩、双膝自然弯曲半蹲，两臂同时下摆至体后，身体重心向后移动。梗头甩臂、倒肩、顶髋蹬跳。含胸，梗头支撑，髋关节充分打开，经短暂的背弓手倒立（撑扶木时两手可前后分开半个手左右的距离）。推手、立髋、立肩、提气站立。

直体后空翻

起跳必须充分，梗头、含胸，快速抡臂后压臂，同时挑髋。身体始终保持直体，可稍有一点背弓。当身体过垂线后必须快速立肩、立上身、两脚主动踩木。

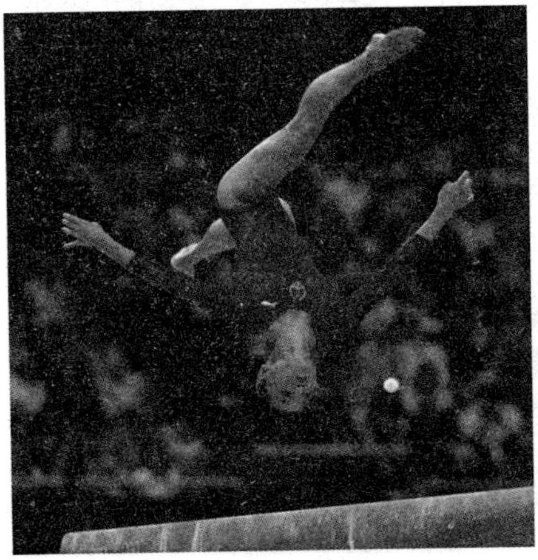

平衡木运动1

挺身前空翻

一腿站立，另一腿伸直前点，两臂侧平举。梗头、立肩，身体重心移至摆动腿，蹬地腿前举，并上前一步主动踏地成半蹲，后腿自然弯曲，两臂经体侧至上举。梗头、含胸，肩迅速下压与蹬地腿折叠，两臂继续向下至后摆，同时摆动腿充分后摆。蹬木、起跳、空中抬头、挑腰、两腿充分打开。两臂绕至斜上举。落地后支撑腿主动立髋、立腰，前腿经前上方迅速与支撑腿并拢，提气、收小腹、吸紧后背、两臂斜后举站立。

具有代表性的成套动作

1. 科尔布特（苏联）1972 慕尼黑奥运会

木中跳上成横劈叉——支撑转体 90°后摆成手倒立——后软翻蹲立——单腿站立转体 180°——小跳步——侧手翻——小跳——弓箭步跳——后软翻——原地跳起直体后空翻接胸滚成分腿骑坐（“倒插虎”）——分腿后摆起立——后软翻——摆起成半劈腿倒立——双腿站立转体 180° ~180°——前软翻——滑步——小跨跳——团身后空翻接木中团身前空翻下。

2. 涅利·金（苏联）1979 年沃思堡世界锦标赛

斜进跳起成纵木分腿支撑慢起手倒立，前软翻上——单腿起跳的向前劈叉跳接后腿弯曲的向前劈叉跳——单腿转体 360°——双腿起跳团身后空翻接双腿起跳团身后空翻——单腿站立平衡——两腿弯曲向前劈叉跳——团身后软翻（瓦尔德斯）——连续两个分腿后手翻——木端单腿起跳，前踢腿直体后空翻下。

3. 科马内奇（罗马尼亚）1981 年莫斯科世界锦标赛

正面助跑跳起转体 180°成横木手倒立——踢腿后手翻——团身坐后软翻——侧空翻——团身后空翻——挺身前空翻——团身坐后软翻——两次后手翻接后手翻成纵木分腿坐——踺子直体后空翻转体 720°下。

4. 莫斯基潘诺娃（苏联）1983 年布达佩斯世界锦标赛

面向横木慢起手倒立支撑分腿转体 450°接后手翻转体 180°接前手翻——大跨跳——单足转体 360°——后手翻接拉拉提接后软翻——分腿跳——挺身前空翻——双腿踺子后空翻两周下。

5. 杨波（中国）1989 年鹿特丹世界锦标赛

斜进助跑跳起成手倒立落成大背弓手倒立接前软翻接鹿跳——后手翻直体后空翻依次落木接后手翻转体 360°成分腿坐——向前交换腿劈叉跳接杨波跳——挺身前空翻接单腿平衡——单腿转体 360°——单臂后手翻接两次直体后空翻依次落木——踺子接团身后空翻两周下。

6. 道斯（美国）1993 年伯明翰世界锦标赛

横劈叉上——后软翻前点接分腿跳接分腿跳再接交换腿垂直跳——单腿后手翻接三个拉拉提——燕式平衡——单腿转体 360°——助跑团身前空翻——向前交换腿劈叉跳转体 90°——后手翻后手翻接团身后空翻两周转体 360°下。

7. 米勒（美国）1996 年亚特兰大奥运会

木端助跑跳起团身前空翻成站立——后手翻接三次拉拉提——团身坐后软翻接鹿结环跳——单腿转体 360°——纵木向前分腿跳转体 270°——向前交换腿劈叉跳接向前分腿跳再接交换腿垂直跳——助跑团身前空翻成站立——纵木屈体跳接后手翻转体 90°成横木手倒立——分腿后手翻接后手翻团身后空翻两周下。

8. 霍尔金娜（俄罗斯）1997 年洛桑世界锦标赛

木端踺子接后手翻转体 360°再接后手翻再接直体后空翻依次落木——纵木手倒立接交换腿垂直跳再接后手翻转体 360°再接后手翻成纵木分腿坐——单腿转体 360°——交换腿劈叉跳接团身跳另一腿向前伸直（狼跳）再接后手翻转体 360°成纵木分腿坐——踺子接木中单腿起跳前踢腿直体后空翻转体 720°下。

9. 凌洁（中国）1999 年天津世界锦标赛

踺子后手翻成骑坐上——团身前空翻接交换腿垂直跳——后手翻接向后跳转 180°前手翻——狼跳接后手翻转体 360°成分腿骑坐——向前交换腿劈叉跳接分腿结环跳——向前交换腿狼跳接后手翻转体 90°成横木手倒立——单腿转体 360°——分腿后手翻分腿后手翻接向前跳起直体后空翻转体 720°木侧下。

10. 叶诺娃（俄罗斯）2001 年根特世界锦标赛

木端助跑团身前空翻成站——跳起转体 180°前软翻接挺身前空翻再接团身侧空翻——单腿转体 360°，踢腿后手翻接狼跳——交换腿劈叉跳接团身跳转体 360°，后手翻转体 180°接后手翻成手倒立转体 270°，后软翻转体 180°成手倒立转体 180°——踺子接直体后空翻转体 900°下。

艺术体操的战技术

绳操

摆动

1. 姿势

双手握绳左右摆动：右脚站立，左脚侧点地，同时两手握绳的两端，在体前侧平举稍打开绳。

2. 动作

动作时，向左移重心，同时两臂以肩为轴，向左摆动，然后向右移重心，两臂以肩为轴向右摆动，绳不能碰地。

绳操

绕环

1. 单手握双绳小绕环

（1）姿势立正，右手握双绳端，前举，两臂侧举；

（2）动作时，以右手腕为轴，靠手腕的力量转动绳，使绳在体前向顺时针方向绕环。

2. 体侧绕“8”字

（1）姿势立正，右手持双绳端前平举；

（2）动作时，右肘稍屈，以右手腕发力，将绳从右后向前绕环至上举，然后，从左前上经左后下绕至右前上举。

3. 体前后统“8”字

（1）姿势立正，右手持双绳端侧平举；

（2）动作时，手握绳向体前下方摆，以右肩为轴，使绳在体前由右向下向左绕环至上举，接着，屈肘以右手腕为轴由右下向左小绕环一周至上举。

跳绳

1. 基本技术

跳跃过绳是绳操的主要特点和重要的基本技术。主要动作在两手摇绳时，两臂侧举，以手腕为轴摇绳，绳的中段不能接触地面，脚尖绷直过绳。

2. 多种姿势

跳绳有许多姿势：有前摇跳，后摇跳，交叉摇跳。双摇和三摇，可单足跳、双足跳、交换腿高抬腿跳，各种跨跳、转体跳、屈腿跳等。

抛接绳

1. 基本动作

抛绳主要从绕绳和摇绳获得动力，利用惯性将绳抛出，接绳有单手接，双手接。向前小绕环向上抛，双手接绳。右手握双绳绳端侧举，向前小绕环。

2. 动作要领

（1）抛绳动作时，双腿稍屈膝、蹬直腿，同时右臂上举，右手将绳抛出，使绳子在空中向前翻转 1 周，然后两臂上举接绳两端；

（2）前摇跳向上抛绳双手接绳，两臂侧举，待绳于体后。动作时，向前摇绳跳数次，当两脚跳过绳后，两臂上举，绳从体后向上抛出，使绳在空中向前翻转 1 周，然后两臂上举接绳两端；

（3）后摇跳向上抛绳 双手接绳，两臂侧举持绳于体前。动作时，向后摇绳跳数次，当两脚跳过绳后，两臂经前上举，绳经体前向上抛出。绳在空中向后翻转 1 周，然后两臂上举接绳两端。

球操

托球

1. 正托

正托，单手或双手，掌心向上，五指自然分开，用手掌和指根以上部位托球的下部，掌心空出。

2. 反托

反托向内转肩翻腕，使掌心向上托住球的下部。

球操

抽球

1. 双手原地拍球

双手原地拍球，站立，两手持球于体前。动作时，两手持球向下拍球。手臂稍弯屈，两手掌心向下，五指自然分开，手形与球形吻合，用两手指及指根处拍球的上部，连续拍球时，有手不离球之感。

2. 单手后挡球

单手后挡球，两脚开立，两臂侧举，右手托球。动作时，右手向左拍球的右上部，同时向左移重心，球蹦起后左手接球的下部顺势向左侧摆至侧平举。

转球

特点是球在两手中转动，或通过手的拨动使球在指尖上转动或在空中转动。

1. 左右转动球

胸前左右转动球，右手在外，掌心扶球，左手在内手背托球。动作时，右手向右搓球，使球向右转动，同时左手背向左控球，使球向右转动成两手手指尖顶住球侧面，然后右手经手指尖、手背在球的内部向左搓球。同时左手经手指尖、掌心在球的外部向左搓球，反复进行。

2. 正绕“8”字

两腿开立，右手侧举托球，左臂举，掌心向下。动作时，上体稍前屈，同时右臂屈肘从右侧经后腰旁向内水平小绕环 1 周至倒下举反托，接着左臂经前在头上直臂向左、后、右水平大绕 1 周至侧平举托球。同时上体随球的绕动而转动。

3. 反绕“8”字

两腿开立，右手侧举托球，左臂侧举，掌心向下。动作时，右臂由后在头上直臂向左转腕成反托，并经左前向右水平大绕环 1 周至侧举反托，接着屈肘在身体右侧由后经腰旁向前水平绕环，周至侧举托球。

滚球

可在地上用单手或双手向前、后滚动球，还可以在身体各部位，包括胸前、背后、臂上、腿上和体侧滚动。

1. 左右臂滚球

站立，右手托球前举，左臂后上举。动作时，右手腕稍屈，使球顺右手滚至右臂至胸部时，同时左臂前举使胸部的球沿着左臂滚至左手举托球，右臂经下向后摆至后上举。

2. 经背臂滚球

左右经背臂滚球，右手托球前伸转肩，使球顺右臂滚到右肩后背，同时稍低头，使球经肩背、左臂至左手接球成侧举托球。

3. 胸滚球至两手前举托球

站立，两手持球前举。动作时，两膝屈伸一次，同时稍含胸，两臂屈肘，从腹部开始向上拨球使球滚至胸前，稍挺胸抬头，两臂迅速并拢前举，使球顺两臂滚至两手托球。

抛接球

1. 抛接基本动作

用手在原地和移动中向前、侧、后抛接，也可一手抛、二手接、或背后接，还有双手抛、双手接或双手交叉接以及单手接，在集体项目中可互相抛接，抛接球常与摆动动作结合进行。

2. 原地单手抛接

站立，右手持球于体侧，动作时，两腿屈伸一次，同时右臂持球后摆，左臂前摆、两腿再屈伸一次，立踵。左臂后摆，右臂伸直经前摆至上举向上抛球，并抬头。球下落时，右臂伸直上举迎球，经右手指端接球（掌心向上），并顺抛后摆，左臂前摆，两腿屈伸一次。

3. 单臂向侧抛接

单臂向侧抛接球：两腿分开，两臂侧举，右手托球。动作时，右臂伸直向左上方抛球，球通过右手指末离开，左臂伸直侧上举迎球，球经左手指端接球并顺势下落缓冲。

圈操

旋转圈

1. 姿势

立正，右臂前平举，右手指向前伸直。拇指在虎口外夹住圈，掌心向左，左臂侧举。

2. 动作

动作时，右手腕带动头圈向左转动，同时右手稍向左摆，使头向顺时针方向旋转，先经右手背，再从掌侧至掌心虎口，在衡状面做垂直旋转圈。体例及头，上水平旋转圈，动作与此相同。

圈操

抛接圈

1. 旋转圈抛接

（1）姿势立正，右臂前举持圈，左臂侧举；

（2）动作时，右手使圈在额状面向顺时针方向旋转，当圈旋转到虎口时，右臂伸直。无名指、小指、中指顺势托圈的内侧向上圈，圈从虎口处离开，下落时右臂伸直前上举，虎口接圈，并顺旋转圈的惯性，继续在前旋转。

2. 水平面上高抛和接

（1）姿势右腿站立，左腿在后点地，两手水平持圈于身体左侧；

（2）动作时，两腿稍屈，然后右腿蹬地，同时两手用力向前上方水平面上抛圈。抛圈的两臂由左侧向前上方伸直，抬头挺胸。圈抛出后，可做各种动作，右手上举，虎口接圈的上端和下端。

3. 翻转圈的高抛和接

（1）姿势立正，两臂前举持圈两侧，圈与地面成水平；

（2）动作时，两腿稍屈，然后两腿蹬地，腿伸直立踵，同时两臂向上，两手腕用力向上翻腕，将圈向上抛出，使圈在空中向后翻转 2 周以上。留下落时，两臂伸直，手心向上。接圈两侧的后端，两臂下落缓冲。

滚圈

1. 经胸臂滚圈

（1）姿势两脚开立，右臂侧拳持留，左臂侧举；

（2）动作时，右手持圈向反时针方向转，利用圈旋转的惯性，右手掌伸直，掌心朝上，圈上沿从右手臂开始滚动，经右臂、胸、肩背、左臂至左手接圈。

2. 地上回滚圈

（1）姿势立正，右手正握圈于体侧，左臂侧举；

（2）动作时，右手握圈的后上部，右臂伸直将图向前沿地面直线出，同时右手腕做向上向后用力拉的动作，使圈向前进方向滚动至极点又突然沿直线倒回滚动。

带操

摆动

1. 前后摆动

（1）姿势两脚自然站立，右手握带柄下举；

（2）动作时，左脚向前上步，重心前移至右脚与左脚并立起踵，右手握带柄以肩为轴向前上方挥动，接着右脚后退一步，重心后移至左脚与右脚并立起踵。

带操

2. 左右摆动

动作时同前后摆动，方向是左右。有上下摆动，动作同前后摆动，方向是上下。

绕环

1. 体侧向前大绕环

（1）姿势两脚自然站立，右手握带柄下举；

（2）动作时，右手握柄，以肩为轴由后经上向前大绕环。

2. 体侧向后大绕环

（1）姿势体前向左、右在绕环，头上水平统环；

（2）动作都以向前大绕环相同，只不过是方向不同。

3. 体侧反“8”字大绕环

（1）姿势两脚自然站立，右手握带柄下举；

（2）动作时，以右肩为轴，直臂在身体右侧由后经上向前大绕环至上举，接着在身体左侧做向前大绕环至上举。

4. 体前“8”字小绕环

（1）姿势两脚自然站立，右手下举，左臂后举；

（2）动作时，两腿屈膝，右臂前下举，以手腕为轴自右向左上，再由左下向右上绕小“8”字。

蛇形

1. 垂直蛇形

（1）姿势两脚自然站立，右手握带柄左前举，左臂侧举；

（2）动作时，右臂以手腕为轴。上下柔和地、有节奏地、均匀地由左至右或相反，上下摇动，使带构成蛇形图案线条与地面垂直。

2. 水平蛇形

运用手腕左右柔和地、有节奏地、均匀地摇带，使蛇形图案线条与地面平行。蛇形可以在体侧、体前、体后和上举做。

螺旋形

1. 垂直

以手腕为轴，有节奏地、均匀地顺时针或逆时针由左至右做小绕环，使带构成螺旋形图案与地面垂直。

2. 水平

以手腕为轴，有节奏地、均匀地顺时针或逆时针做小绕环，使带构成螺旋形图案与地面平行，也可以在体侧做，体前做加上举做多形状。

棒操

绕环

火棒操的绕环包括大、中、小绕环。

1. 体侧向前大绕环

（1）姿势两脚自然站立，两手固定握棒小头于体侧下举；

（2）动作时，以肩为轴，两臂由后经上向前大绕环至下举。

2. 体侧向后大绕环

动作与前同，方向不同。

3. 体前向左（右）大统环

（1）向左 以肩为轴，两臂向下，向左经上体前大环1周至右侧平举；

（2）向右则方向相反。

棒操

4. 中绕环

以肘关节为轴，两臂在体前由右向左垂直中统环1周至右侧平举，接着由左向右垂直绕环1周至左侧平举。

5. 水平小绕环

（1）姿势立正，两手固定握棒小头前平举；

（2）动作时，以手腕为轴，使棒小头在虎口里绕垂直轴在回上由左向右水平小绕环至前平举。接着手腕发力，使棒向内转在臂下水平小绕环至前平举，臂上往下向外水平小绕环方向相反。垂直小绕环；动作时，以食指托棒，手腕带动棒向上、后、下做臂内向后垂直小绕环至前平举，接着做臂外向后垂直小绕环。

抛接

火棒操的抛接有两种方式。

1. 向前单抛单接

向前摆动，食指托棒，拇指和手腕压棒，使棒向前上方抛出经上向后翻转 1 周，两手上举接棒。

2. 单手抛双手接

（1）姿势右脚站立，左脚前点地，左臂斜前上举，右手握双棒，右后下举，上体右拧腰；

（2）动作时，重心前移至两脚起踵立，同时右手握双棒向前摆，利用手腕的力量，使双棒向前。上方抛出，棒在空中向后翻转 1 周，接着两臂前接棒，右脚后退一步，左脚前点地，双臂经下至侧举，抬头挺胸，目视前方。

打击

火棒操的打击包括两棒互相打击和有节奏地打击。

1. 两棒互击

两棒互击，包括前、后、中、侧举击棒。

2. 臂的伸长

击棒时，直臂器械只能是臂的伸长。

PART 8 裁判标准

竞技体操裁判标准

自由体操

裁判员

竞赛的执法官

裁判员是竞赛中的执法官，抽签决定裁判员分工。裁判员任职的依据是裁判员的考试成绩。裁判员要参加竞赛中所有的裁判会，观看赛台训练，赛前至少提前一小时到达竞赛场馆并认真做好赛前准备。

对裁判员要求

男子裁判员要求穿灰色裤子、深蓝色上衣、浅色衬衣系领带。女子裁判员穿深蓝西服套裙、白衬衣。竞赛中裁判员不得离开自己的座位，不得与其他人联系，不得与教练员、运动员交谈。裁判员根据评分规则迅速、准确地记录、评判运动员的所有竞赛动作，并按格式正确填写评分表，确保自己的评分准确无误。

对裁判员处罚

裁判员如蔑视评分规则，有意偏袒或贬低某个队或某个运动员，重复出现过高或过低分；不遵守竞赛的有关要求与纪律，不参加有关会议，不观摩赛台训练，着装不符合要求，都将受到处罚。

裁判委员会

工作职责

竞赛委员会的下设机构之一，负责领导裁判员学习和评分工作。

机构组成

由总裁判长、副总裁判长、裁判长和裁判员组成。

检查员

工作职责

任务是检查裁判长和裁判员的评分工作和行为，以《裁判检查惩罚条例》为依据，登记裁判员评分与最后得分的偏差。如果裁判员评分时出现重复偏差，检查员将通知仲裁组，以便按技术规程对所涉及的裁判员作出惩罚。

工作权限

有义务正确记录竞赛中所有成套动作，必要时进行客观而有论据的讨论。只有在特殊偏差大的情况下，经与裁判长和技术助手取得一致意见后，才有权召集裁判员进行有理有据的商讨，以便取得公正的分数。

视线员

在自由体操竞赛中负责观察并记录运动员是否越出场地界线的辅助裁判员。在竞赛中，自由体操场地对角线设 2 名视线员，能够准确观看到运动员是否出线。每次出线都向裁判长举旗示意，并填写报告单交裁判长。

鞍马

竞赛没有正式开始前，运动员们在各个项目上做赛前练习，时间是每人 30 秒。每个队有 5 人，共 2 分 30 秒。竞赛开始后，项目裁判长高举绿旗或打开绿灯，这是给准备竞赛的运动员一个信号。如果信号发出后 30 秒钟，运动员还未上器械，就算弃权，判为 0 分。

运动员上器械前，要面向裁判长举起右手示意，这既是对裁判的尊重，也是提醒裁判员注意，自己开始做动作了；当运动员完成一套动作之后，也要向裁判长立正、示意，表示动作完毕。

A、B 组裁判组根据运动员完成的难度、特殊编排和连接动作等几个方面来确定一个起评分，起评分最高为 10 分，向全场显示。

裁判长根据 A、B 组裁判员的打分情况，示意出该套动作的最后得分。

吊环

每个项目均由 A、B 两个裁判组组成。其中，A 组裁判包括 1 名裁判员，1 名技术助理；B 组裁判包括 6 名裁判员，每位裁判员均配备 1 名助手。

两组裁判在项目裁判委员会主席的指导下进行工作。

跳马

每个项目上均由 A、B 两个裁判组组成。A 裁判组负责记录和评判：难度、特殊要求和加分。B 裁判组的职责是从技术、姿态及优美性来评定动作的完成情况。

两组裁判在项目裁判委员会主席的指导下进行工作，裁判员要以评分规则为依据，根据场上情况，在 A 裁判组或在 B 裁判组准确、迅速地记录下进行评分。A 组裁判员将在考试成绩优秀并且实践经验丰富的裁判员中经抽签决定。

双杠

每个项目上均由 A、B 两个裁判组组成。A 裁判组负责记录和评判：难度、特殊要求和加分。B 裁判组的职责是从技术、姿态及优美性来评定动作的完成情况。

两组裁判在项目裁判委员会主席的指导下进行工作，裁判员要以评分规则为依据，根据场上情况，在 A 裁判组或在 B 裁判组准确、迅速地记录下进行评分。A 组裁判员将在考试成绩优秀并且实践经验丰富的裁判员中经抽签决定。

单杠

A、B 组裁判员按照各处的职责，对这套动作进行全面的评分。先由A裁判组根据运动员完成的难度、特殊编排和连接动作等几个方面来确定一个起评分，起评分最高为10分，向全场显示。

B组裁判员则要求在30秒之内对这套动作的技术、姿态等方面进行扣分，并填写在记分单上，由电子计分系统或跑分员送至裁判长处。最后由裁判长根据A、B组裁判员的打分情况，示意出该动作的最后得分。

高低杠

裁判从动作的难度、状态、技术和编排来计分。在高水平的比赛中，运动员要求完成5个特别的动作组，包括一个腾越动作（运动员需要离开高杠，完成一个空翻或者其它的飞行动作，再回到高杠）、一个换杠动作（从低杠到高杠和从高杠到低杠的飞行动作），还必须有近杠动作。运动员还要求摆动流畅，并完成一个杠上倒立动作。下法同样很重要，不仅要有难度，并且要求象“钉子”一样落地：双脚同时落地，不能前后分开，不能有小跳或跨步。

以下的情况都会导致扣分：动作错误或没有完成，从器械上跌落，停顿，无效摆动（技术动作之间多余的摆动），落地不稳和其它失误。

运动员比赛的时候允许使用护腕和绷带，也可以使用镁粉增加摩擦力。其他运动员和教练员可以帮助运动员在器械上抹镁粉。

和男子体操的单杠和吊环不同，运动员不可以从器械上开始动作。她们必须用一个简单或复杂的技术动作上器械，可以选择从高杠或低杠上杠，助跑和助跳板都可以使用。

当比赛开始后，教练不允许以任何方式干扰运动员。然而，教练可以在运动员做飞行动作或下法时站在落地垫边保护运动员。当运动员从杠上失误摔落时，教练可以接住她，教练还可以帮助运动员上高杠使她继续完成比赛。如果运动员上杠时使用了助跳板，教练或其他运动员允许快速上前搬走它，使它不会干扰后面的动作。

平衡木

2名裁判评判一套动作的难度，给出起评分。6名裁判评判根据动作的完成情况打分。去掉最高分和最低分，取余下4个分数的平均分。

用起评分减去平均分，得出最后得分。如果出现平分，则根据 4 名 B 组裁判对参赛者动作完成情况给出评分，然后最终得出一个平均分以此来确定获胜者。

特殊连接加分情况：

2 个有腾空的技巧动作的连接，除上杠和下法外；

3 个或更多的有腾空的技巧动作的连接。

艺术体操的裁判标准

集体项目

由 5 人组成的集体，包括两套动作：同种器械和不同种器械，每 2 年换 1 次器械。如 2000 年的是十棒和两圈三带。

每套动作时间为 2 分 15 秒至 2 分 30 秒。

计时表是从运动员或集体队第一名运动员开始做动作时计时，当运动员或集体队的最后一名运动员完全静止时停表。

超过或少于规定的时间，每秒扣 0.05 分（由助理裁判员执行）。不足 1 秒不扣分。

裁判组

每个裁判组由两个裁判小组组成，A 组为编排组，B 组为完成组。其中编排组又分为 A1 技术价值和 A2 艺术价值。A1 组评判难度数量和水平，A2 组评判艺术编排（音乐、器械的选择与使用，身体动作的选择与使用，熟练性与独创性）。

每个裁判组由一名裁判员（助理裁判员）协助工作，他将确定分差是否有效，并对出界、动作时间和其他有关纪律方面的问题（器械、体操服、入场等）进行扣分。

扣分

小失误扣 0.05 或 0.1 分

中等失误扣 0.2 分

大失误扣 0. 3 分或更多

分值分配和计算

Al 技术价值：0 至最多 10 分（用叠加法）

A2 艺术价值：0 至最多 10 分（用叠加法）

B 完成裁判分：O 至最多 10 分（裁判员给出扣分的总数）

最后得分的计算是将 3 个部分的分数相加（即：A1 技术价值 + A2 艺术价值 + B 完成的得分）

而助理裁判员的扣分只从完成分（B 分）上扣分

出界

个人或集体队运动员身体任何部位及器械在界外触地，每次都要扣 0. 1 分（助理裁判员）。

如果器械出界但没有触地不扣分。

运动员必须始终在同一块场地上完成每套动作。否则扣 O.5 分（助理裁判员）。

难度介绍

难度的分值：A = 0. 10 B = 0. 20 c = 0. 30 D = 0. 40 E = 0. 50

身体动作组：基本组（适用于难度动作），其他组（适用于连接动作）

跳各种移动

平衡小跳、单足跳

转体摆动、绕环

柔韧和波浪旋转

跳步

所有跳步难度动作必须具备以下基本特点：跳步要有一定的高度，空中姿势固定并且准确。

动作姿势幅度大，跳步缺乏适当的高度，姿势不固定、不准确，或缺少足够的幅度，则不算难度，此外还要扣完成分。

确定跳步难度价值的标准

难度价值为 A（0. 01）的基本难度：跨跳、鹿跳、哥萨克跳、结环跳、垂直跳转体180度、挺身跳和羚羊跳。

难度价值为B（0.20）的基本难度：反跨跳（旋转和跨跳结合）、屈体跳和分腿跳、有转体的剪式跳、经跨跳起跳的变身跳、团身跳、屈腿垂直跳转体360度。

每次将下列动作中的一个单独动作或一个联合动作（由下列动作中的两个或是几个动作构成）加到基本难度内，则难度价值可增加0.10分、0.20分或更多。

增加一条腿的姿势或者腿部有限的运动：+0.10分

在垂直跳时，每次增加180度：+0.20分

绕躯干垂直轴旋转，每次增加180度：+0.20分

增加躯干后屈或腿部大的运动：+0.20分

在非垂直跳时，每次整个身体旋转180度：+0.30分

若不是基本跳步的一部分，每次通过跨跳部位：+0.10分

所有平衡难度动作必须具有以下基本特点：

（1）立踵或者单膝完成；

（2）有明显的停顿；

（3）姿势固定并且准确；

（4）动作姿势的幅度大；

（5）平衡姿势一旦形成就要与器械动作结合，根据难度水平，至少做一个、两个或三个器械动作。

任何用全脚或无明显停顿所完成的难度动作均不算平衡难度。缺少上述要求中的任何一个，也要扣完成分。每次将下列动作的一个单独动作或一个联合动作（由下列动作中的两个或三个动作构成）加到基本难度内，并且增加器械的技术动作，则难度价值可增加0.10分、0.20分或更多：

无帮助的向前或向侧高举腿：+0.20分

有帮助的向后高举腿或结环：+0.20分

无帮助的向后高举腿或结环：+0.40分

单膝支撑，高举腿，同时躯干后屈：+0.20分

躯干后屈位于水平部位，腿前举：+0.20分

腿和躯干位于水平部位的向前或向侧举腿：+0.10分

支撑腿弯曲：+0.20 分

支撑腿弯曲，自由腿高举（无帮助）：+0.30 分

慢转 180 度：+0.30 分

支撑腿弯曲慢转 180 度：+0.40 分

所有转体难度动作必须具有以下基本特点

立踵完成；

从转体开始直至结束，身体姿势固定并且准确；

动作姿势的幅度大。

整个或部分转体过程中，任何用全脚完成的转体或姿势不准确均不算作转体难度。缺少上述要求中的任何一个，也要扣完成分。

难度价值为 0.10（A）的基本难度：阿提九或阿拉贝斯、有帮助的劈腿和旋转 360 度。

每次增加 360 度旋转：+0.10 分

有帮助的向后高举腿或结环：+0.20 分

无帮助的向后高举腿或结环：+0.40 分

腿位于水平部位的前举或侧举：+0.10 分

无帮助的向前或向侧高举腿：+0.20 分

在水平部位上下做慢的运动：+0.10 分

在位于肩的两个水平部位之间做慢的运动：+0.20 分

两腿和躯干位于水平部位：+0.20 分

躯干位于水平部位：+0.20 分

向前或向后的哥萨克：+0.20 分

难度价值为 0.10（A）的基本难度：腿低于水平部位，躯干向前或向后弯曲，旋转 360 度，每增加 360 度：+0.10 分

难度价值为 0.10（A）的基本难度：巴塞转体 720 度，每增加 720 度：+0.10 分

难度价值为 0.20（B）的基本难度：阿拉贝斯，支撑腿逐渐弯屈，旋转 360 度，每增加 360 度旋转：+0.10 分

支撑腿逐渐弯曲，并且躯干后屈：+0.10 分

所有柔韧或波浪难度动作必须具有以下基本特点：

（1）用单脚、双脚或身体其他部位支撑来完成动作；

（2）姿势固定并且准确；

（3）动作姿势的幅度大。

难度动作完成时没有足够的幅度或者姿势不固定，则不算难度。缺少上述要求中的任何一个，也要扣完成分。

蹦床的裁判标准

蹦床项目中，一位选手需要做出3套不同的动作，第一套动作为规定动作套路，当中只计算其中两个动作的“难度分”，第二及第三套动作为自选动作套路。

一套蹦床套路的分数构成因素分为“技术分”、“难度分”以及“同步分”。“技术分”为评定运动员的动作完成情况，满分为10分。在正式的蹦床个人套路中，共有五名“技术裁判”，他们会按运动员的完成情况去即场评定“技术分”，其中中间三个“技术分”的总和为该套动作的“技术分”。

蹦床套路的另外一个主要组成部分为“难度分”，“难度分”的计算主要靠动作的翻转周数所决定，而且“难度分”并不封顶。世界顶尖运动员在训练时候，整套动作的“难度分”可达至17—18.5分左右，在2004年加拿大锦标赛上，曾经出现过18.5分的难度分。“难度分”加上“技术分”，便是一名蹦床运动员于个人套路中的最后得分。

在蹦床同步比赛中，“同步裁判”还会根据两名运动员的套路表演的同步性，评定该套路的“同步分”，“同步分”的满分为10分，“同步分”加上“技术分”再加上该套路的“难度分”为一套同步套路的最后得分。

一套动作中不能有重复动作。否则，重复的动作不计算难度。预赛第一套动作中出现重复的动作，每重复一次，扣1.0分。

裁判员只对在网上完成的动作进行评分。比赛中出现中断情况，中断后的动作不予评分。整套动作结束时，运动员双脚必须有控制地落在网上，并保持上体正直的姿势结束，否则按规则扣分。

裁判员以0.1分为单位进行评分。裁判长负责决定最后得分的有效性。

技巧体操的裁判标准

裁判委员会及其组织

国际技巧联合会的比赛、洲际比赛、洲内比赛和国际技联批准的正式国际锦标赛，组织比赛的领导机构包括仲裁委员会、总裁判、各项裁判组、秘书组、医务人员、技术人员与新闻中心等。

仲裁委员会的职责

仲裁委员会由国际技联执委会指定，对所有裁判员的活动给予指导并负责使比赛按比赛规则进行，其决议为最终的裁决。

比赛各项裁判组

各项裁判组的组成为裁判长1人；裁判员4~6人；计时裁判员1人。每一个国家只允许有1个裁判（包括裁判长）参加1个裁判组的工作。裁判长只能担任1个技巧项目的裁判长工作，裁判长由各会员国提名后，国际技联裁判委员会选举产生，一个国家只能有1个裁判长，他被国际技联证明是有才干的，熟悉规则，评分较客观。裁判长的名单在比赛前由国际技联执委员会批准。裁判长由国际技联裁判委员会从合格的国际裁判名单中提名并经国际技联执委会批准，并且裁判长所任项目由抽签决定。

裁判长职责

裁判长对本项竞赛裁判组的组织与工作负全面责任；发出比赛开始的信号；参加评分；检查裁判员打分的差距；确定成套动作的难度

并出示给其他裁判员；组织裁判员入场和退场；计算并出示最后得分；可在计时裁判的协助下，用秒表计算成套动作的时间和双人、集体项目第1套中平衡动作的静止时间，单人项目裁判长可在1名裁判员的协助下核对成套动作的难度；以及确定难度分值并将成套动作超过规定时间和双人或集体项目中的平衡动作停止时间不够通知裁判员进行减分。

裁判员的权利与职责

服从裁判长的指导和裁判员会议的决定；严格按规则进行评分；有责任参加裁判委员会商及有关比赛的会议；有权对裁判长的不公行为，用书面形式向仲裁委员会申诉。国际裁判员必须穿规定的国际裁判制服并佩戴国际技联的标志。

评分标准

比赛中裁判员一般是公开示分，即所有裁判员向观众出示其所给分数，但也可使用不公开的方法。裁判长先出示完成动作的难度，然后裁判员出示他们的给分，精确到0.1分。每套动作均从0~10分评分，最高得分为10分。比赛的最后得分精确到0.01分。用下列方法：5名裁判时，去掉最高和最低分，取3个中间分的平均分，精确到0.01分；6名裁判时，去掉两个最高和最低分，取两个中间分的平均分；7名裁判时，去掉两个最高和两个最低分，取3个中间分的平均分，精确到0.01分。第1种比赛中间分的分差不得超过：中间分的平均分在9.5~10分之间，中间分最高与最低分之差不得超过0.3分；中间分的平均分在8.5~9.46分之间时，中间分最高与最低分之差不得超过0.5分；其他得分的分差不得超过1.0分。第2种和第3种比赛中间分的分差不得超过：中间分的平均分在9.5~10分时，中间分最高与最低分之差不得超过0.2分；中间分的平均分在8.5~9.46分时，中间分最高与最低分之差不得超过0.3分；其他得分的分差不得超过0.5分。如裁判之间分差太大，裁判长可召集全体或个别裁判会商。如达不成协议，裁判长可将此事提交仲裁委员会，仲裁委员会的决定是最后的裁决，每个人必须遵守。仲裁委员会有权将不称职的，工作中违反规则或不客观评分的裁判撤职。在比赛中，每个运动员做完动作后，裁判长可召集裁判员会商，确定出一个评分的标准。为克服语言障碍，比赛组织者必须提供翻译，翻译应在附近指定的地方。

罚分扣分

一套动作的难度按实际完成的情况计算，而不按递交的图解及说明计算。在完成 1 个动作时所犯错误总的扣分不得超过 1 分，落地错误另扣。

动作评分因素

成套动作评分因素：难度；组织编排；完成情况；印象；成套动作时间（双人和集体项目）；以及平衡动作时间（双人和集体项目）。最后得分是从难度得分中扣去组织编排、完成情况、总印象、成套动作时间、平衡动作时间中的错误之后而确定的。

动作难度评定

难度动作的评分，按各项要求评分，其最高得分不得超过 10 分。完成基本难度并达到各项要求时：第 1 种比赛 9 分；第 2 种比赛 8.5 分；第 3 种比赛 8.5 分。在完成基本难度后，增加的动作可在基本难度上加分，增加动作的价值为 A =0.1，B =0.2，C =0.4。双人和集体项目中的单人动作加分不能超过 0.4 分。任何 1 个高难度组的动作可代替两个低难度组的动作，但 2 个低难度组的动作不能代替 1 个高难度组的动作。

男女单人项目评分总则

技巧的翻腾动作是用助跑和向 1 个方向来完成的，向回翻的动作用在成套动作的最后是允许的；如运动员开始做第 1 个动作即算动作开始，不管该动作是否有难度；如未做第 1 个动作，每套动作允许不超过 3 次助跑。

单人项目的专门要求

第 1 套动作空翻的要求是：必须有不少于 3 个不同的空翻；连接完成的几个相同空翻，可作为 2 个不同空翻；空翻 2 周对男子可作为 2 个不同的空翻，对女子可作为 3 个不同的空翻；空翻 3 周可作为 3 个不同空翻；允许完成空翻转体不超过 180 度的动作。第 2 套动作（转体）的要求是：以空翻转体动作组成；必须有 1 个空翻转体不少于 360 度的动作。联合套路的要求则是：以没有转体和有转体的空翻动作组成；必须有 1 个转体 360 度以上空翻动作和 1 个没有转体的空翻动作。

PART 9 赛事组织

竞赛组织结构

体操竞赛工作的高效率，有赖于一个分工周密的竞赛组织机构的操作和实施。竞赛组织机构是由许多职责分明的子机构组成，各子机构之间既相互联系又各自独立，各负其责。竞赛组织机构的设置根据比赛规模大小而定。国际大型体操比赛的组织机构所设立的部门，以及各部门的职能权限简介如下：

组织委员会：是比赛的最高权力机构，由政府官员、各队领队及总裁判长等组成。其任务是检查各部门工作情况及处理有关比赛的重大问题。

仲裁委员会：由体操界权威人士、技术官员、总裁判长组成，其任务是负责处理及协调比赛中提出的申诉和问题。

竞赛处：包括场地器材组、总记录组和裁判组，其任务是负责整个比赛的安排及保证比赛的顺利进行。其中总记录组负责整个比赛的组织编排及成绩登录、核算及名次、成绩的公布工作；裁判组负责裁判的学习与训练及各项目比赛评分工作。

后勤处：包括医务组、交通组、财务组、生活组、接待组和翻译组等，其任务是负责有关行政事务工作，以保证比赛的顺利进行和完满结束。

宣传处：包括宣传组和秘书组，其任务是负责比赛的文件发放、广告策划及制作、媒体宣传和对外联络等工作。

保卫处：负责竞赛期间的有关场馆保卫、人员护送等的安全工作，保障竞赛的顺利进行。

集资处：负责筹集比赛所用资金等工作。

竞赛组织编排

组织编排是整个竞赛过程的具体流程和总方案，可以说是竞赛的一个系统控制工程。组织编排繁而不乱，比赛才能有条有理。

竞赛的组织编排是由总记录长主持和负责，编排工作必须遵照规程和规则的要求及符合通常惯例，做到公平合理、有利于裁判员的工作、方便观众观摩及媒体转播等；组织编排工作，具体包括以下几项：

（1）核对报名单：根据规程有关规定，分别对参赛队的运动员人数、年龄及其他条件进行核对。

（2）核定比赛时间。

（3）计算比赛场数和天数。

（4）设计项目轮换表。

（5）抽签：决定参赛队及个人的比赛场次与顺序。

（6）团体预赛（第一种比赛）的编排。

（7）团体决赛（第四种比赛，即由第一种比赛的团体前 6 名参加）的编排。

（8）个人全能决赛（第二种比赛，即由第一种比赛的全能前 36 名运动员参加）的编排。

（9）个人单项决赛（第三种比赛，即由第一种比赛各单项前 8 名参加）的编排。

（10）编印秩序册。

竞赛操作运行

体操竞赛的操作运行过程是一项繁杂而有序的系统性工作，每场比赛的操作必须严格有序地进行，组织机构的各个部门必须各尽其职、协调工作和密切配合。

从每次竞赛的宏观上看，常规是按以下步骤操作运行：

赛前准备工作——裁判员报到及学习——运动员报到——运动员赛台训练，裁判员观看赛台训练——开幕式——团体预赛——团体决赛——全能决赛——单项决赛——闭幕式——离会等。

从一场比赛来看，总是按以下步骤操作运行：

赛前准备工作（器械场地检查等）——参赛运动员赛前 1 小时热身活动——裁判员赛前准备会、工作人员赛前准备工作——运动员检录——比赛开始，运动员、裁判员按项目入场——专项准备活动每人 30 秒——裁判长举旗示意，运动员上场比赛同时裁判组评分——裁判长核定最后得分、记录员登分——裁判长示意下一名运动员上场比赛——一项结束轮换项目（记录员向总记录处送交记录表）——最后一项比赛结束退场——总记录处检录、核算、公告比赛成绩等。

所有以上的运行步骤都需要大量的工作人员进行组织和相互配合，其中只要一个环节出了问题都将影响全场比赛的进行。在比赛进行中，全场的总指挥是总裁判长，他需要控制比赛的进程和解决所出现的问题，而作为项目裁判长也必须清楚了解各项分工的性质和不同工作人员的职责，他必须有能力把项目裁判组所有的裁判员和工作人员紧密地团结在一起，使大家的工作做到细致快捷、行之有效，只有这样才能保障比赛的顺利进行。

PART 10 礼仪规范

观赛礼仪

观看体操比赛应提前到场，比赛结束后再退场。进出场地要有序，不要拥挤，要尊老爱幼。

比赛时，不要随意走动，最好在比赛暂停或休息时再走动。

在场地内不要高声说话，应举止文明，不随地乱扔杂物，禁止吸烟。

观赛时应将手机关机或设置在振动、静音状态。

学习必要的竞赛知识，既要看运动员优美的动作，也要看其动作技术和风格。既要欣赏运动员精湛的技艺，也要感受他们的顽强作风和内在品质。既给本国选手加油，也给外国运动员鼓掌。做到热烈而不狂躁，有激情而不失分寸。

运动员做动作前需要排除一切杂念，宁神静气，做动作时要将全部精力集中在所要完成的动作上。观众此时应全神贯注地观看，不要鼓掌加油，不要欢呼，更不要喊运动员的名字。

拍照不要使用闪光灯，因为闪烁的灯光会分散运动员的注意力，影响运动员对空间高度和时间方位的判断，甚至可能造成比赛失误或者受伤。在运动员即将出场时呐喊加油，在运动员动作结束时鼓掌，才是得体而恰当的行为。

体操是由裁判员打分的项目，当你认为有裁判不公的现象时，不要起哄，不要冲动，要克制自己的情绪。这种不公也许只是因为你对规则了解不够，而鼓励运动员、理解裁判员，继续观赏下面的比赛是最好的选择。

比赛结束，离开场馆时，请将垃圾随身带出场外。

参赛礼仪

（1）参赛者须了解并遵守竞技体操的竞赛规则。

（2）参赛者必须以良好的体育道德作风服从裁判员的判定，不允许争辩。如果有疑问，可提请解释。

（3）参赛者的行为必须符合公平竞赛的精神，不仅对裁判员而且对其他工作人员、对方队员、同队队员及观众都尊重，要有礼貌。

（4）参赛者不得有任何影响裁判员的判断或掩盖本队犯规的动作和行为的表现。

（5）参赛者不得以任何行为延误比赛。

（6）比赛结束时，要感谢裁判员和对方运动员。

PART 11 明星花絮

竞技体操

李宁

中文名：李宁

英文名：Li Ning

别名：体操王子

技术特点：单杠、双杠、跳马、鞍马等六项

李宁

李宁，中国著名男子体操运动员。他创造了世界体操史上的神话，先后摘取十四项世界冠军，赢得一百多枚金牌，1984年洛杉矶奥运会上一举夺得三金两银一铜，是中国单届奥运会上获得奖牌最多的运动员。被体育界誉为“体操王子”。

主要成绩

1980年 全国体操分区赛（成都赛区）鞍马冠军。

1980年全国体操锦标赛个人全能季军，自由体操亚军，吊环季军。

1981年全国体操分区赛（昆明赛区）个人全能、鞍马、吊环、双杠、单杠冠军。

1981 年中美体操对抗赛全能、吊环、跳马冠军

1981 年第 21 届世界体操锦标赛团体季军。

1982 年第 6 届世界杯体操锦标赛上，获全能、自由体操、单杠、跳马、鞍马、吊环 6 项冠军，双杠季军，成为世界体操史上首位取得如此好成绩的运动员。

1982 年 第 9 届亚运会体操团体、全能、鞍马、吊环冠军、双杠亚军。

1982 年 全国体操锦标赛个人全能、鞍马、跳马冠军，吊环亚军。

1983 年 第 22 届世界体操锦标赛男子团体冠军、跳马亚军和自由体操、吊环季军。

1984 年 第 23 届奥运会自由体操、吊环和鞍马三枚金牌、跳马银牌和全能铜牌，男子团体银牌。

1984 年 美国杯体操赛自由体操、鞍马、吊环、跳马冠军。

1984 年 中部日本杯体操赛自由体操、鞍马冠军，吊环、跳马亚军。

1985 年 第 23 届世界体操锦标赛吊环冠军，鞍马、团体亚军，自由体操季军。

1985 年 纪念甘德尔杯体操赛个人全能冠军。

1986 年 第 7 届世界杯体操锦标赛全能、鞍马、自由体操冠军，吊环季军。

1986 年 第 10 届亚运会体操团体、个人全能、自由体操、吊环冠军，鞍马、单杠亚军。

1986 年 德国 DTB 体操大奖赛个人全能、自由体操、吊环冠军，跳马亚军，鞍马季军。

1986 年 罗马体操大奖赛个人全能、自由体操、吊环、跳马、双杠、单杠六项冠军。

1987 年 全国体操锦标赛个人全能冠军，自由体操亚军。

1987 年 第 23 届世界体操锦标赛团体亚军，吊环亚军。

1987 年 第六届全国运动会吊环冠军，个人全能、自由体操亚军，跳马、双杠季军。

1988 年 第 24 届奥运会团体第四名，自由体操第五名。

1988 年 美国杯体操赛自由体操、吊环冠军。

1988 年 第一届博览会杯体操赛团体冠军。

李小双

中文名：李小栓
英文名：Li Xiaoshuang
运动项目：体操
技术特点：自由体操

李小双

李小双中国体操运动员，1983 年 9 月进省队，1989 年进入国家队，1990 年北京第十一届亚运会上，李小双一举夺得团体和自由体操金牌，从此声名鹊起。1992 年在巴塞罗那第二十五届奥运会上，他获得自由体操比赛冠军，成为中国体操男队的领军人物；1994 年和 1995 年两届世锦赛，他是团体冠军中国队的主力队员，并夺得 1995 年世锦赛个人全能冠军，成为第一位夺得体操世锦赛个人全能金牌的中国选手。

主要成绩

1988 年，全国青运会体操比赛个人全能冠军；

1990 年，第 11 届亚运会体操比赛团体、自由操冠军；

1991 年，印第安纳世界体操锦标赛男子个人全能第 4 名；

1992 年，巴塞罗那奥运会男子自由体操冠军，男子吊环第 3 名、个人全能第 5 名。

1993 年 5 月，首届东亚运动会男子自由体操、双杠冠军；男子体操团体冠军；

1993 年 9 月，第 7 届全国运动会男子个人全能亚军，自由体操冠军，吊环、跳马、双杠 3 项季军。

1993 年日本名古屋国际体操赛男子全能冠军；

1994 年 10 月，第 12 届亚运会男子团体冠军、男子个人全能冠军、男子自由体操冠军，吊环第 2 名，跳马第 3 名，双杠第 3 名。

1994 年德国多特蒙德世界体操团体锦标赛男子团体冠军；

1995 年全国体操锦标赛男子团体冠军，鞍马、吊环、个人全能冠军；

1995 年 10 月，日本鲭江第 31 届世界体操锦标赛团体冠军、男子个人全能冠军，自由体操亚军。

1996 年 7 月 22 日，美国亚特兰大奥运会男子体操团体亚军，男子个人全能冠军，男子自由体操亚军，男子跳马第 4 名。

李小鹏

中文名：李小鹏

英文名：Li Xiaopeng

运动项目：体操

技术特点：自由体操、跳马、双杠

李小鹏

李小鹏是中国体操“李家军”的第五代接班人。6 岁开始在湖南省长沙市体校练习体操，12 岁进湖南省队，15 岁进国家队。是世界上最有实力夺得自由体操和双杠金牌的运动员之一。在 2008 年北京奥运会夺得团体和双杠金牌后，李小鹏已经成为中国体操队有史以来夺得世界冠军（16 个）最多的选手。

主要成绩

1997 年瑞士世界杯体操赛，获得男子双杠亚军；男子自由体操冠军，成为迄今为止最年轻的男子体操世界冠军。

1998 年日本鲭江世界杯体操总决赛，获得男子自由体操和男子双杠两项冠军。

1998 年泰国曼谷第十三届亚运会体操比赛，获得男子双杠冠军，男子跳马亚军，自由体操季军。

1998 年世界杯总决赛自由体操、双杠冠军。

2000 年悉尼奥运会男子双杠项目冠军，个人全能第四名。

2001 年东亚运动会团体、自由体操冠军，全国锦标赛跳马冠军。

2002 年韩国第 14 届亚运会体操比赛，获得男子跳马、双杠冠军。

2002 年德国斯图加特世界杯体操总决赛，获得男子双杠冠军。

2002 年匈牙利第三十六届世界体操单项锦标赛，获得男子跳马、双杠冠军。

2003 年世界体操锦标赛男子团体、跳马、双杠冠军。

2004 年雅典奥运会男子双杠季军。

2008 年北京第 29 届奥林匹克运动会男子体操双杠冠军。

杨威

杨威

中文名：杨威

英文名：Yang Wei

运动项目：竞技体操

强项：双杠、吊环

动作特点：轻飘、干净利落、节奏韵律好、力量强、空翻高飘。

杨威中国体操界一名全能型运动员，强项为吊环和双杠。2006 年和 2007 年连续两次获得世锦赛全能冠军，是继南斯拉夫名将佩塔尔·苏米于 1926 年卫冕世锦赛全能冠军 81 年之后首位完成这一壮举的运动员。

主要成绩

1998 年全国锦标赛全能第六、自由体操亚军，全国冠军赛单杠第三、双杠第四，亚运会团体、全能亚军，自由体操冠军

1999 年全国冠军赛全能冠军，世锦赛男团冠军，单杠季军；

2000 年全国锦标赛自由体操冠军，全能亚军，奥运会男团冠军、

全能亚军；

2001 年东亚运动会团体、个人全能亚军，全国锦标赛个人全能冠军；

2002 年亚运会团体、全能冠军，跳马亚军、自由体操第三名，世界单项锦标赛跳马第三名；

2003 年体操世锦赛男子团体冠军、个人全能亚军；

2006 年体操世锦赛男子团体冠军，男子全能冠军；男子双杠冠军；

2006 年多哈亚运会男子团体，个人全能，吊环，双杠冠军；

2007 年世界体操锦标赛个人全能、团体冠军；

2008 年北京第 29 届奥林匹克运动会体操男子个人全能冠军；

2008 年北京第 29 届奥林匹克运动会体操男子吊环亚军；

陈一冰

陈一冰

姓名：陈一冰

英文名：Chen Yibing

别名：吊环王子

运动项目：竞技体操

专业特点：扎实、全能

陈一冰中国体操队运动员，1989 年开始体操训练，2005 年开始在国际比赛中崭露头角，是中国男子体操新生代中的佼佼者，现为中国男子体操队队长。

主要成绩

2006 年全国锦标赛：个人全能、吊环冠军。

2006 年亚洲体操锦标赛：获得男子团体、个人全能、吊环冠军。

2006 年第 15 届卡塔尔多哈亚运会：获得男子团体、吊环冠军。

2006 年第 39 届丹麦阿胡斯世界体操锦标赛：获得男子团体、吊环冠军

2007 年第 40 届德国斯图加特世界体操锦标赛：男子团体、吊环冠军。

2007 年体操世界杯中国站：获得吊环金牌

2008 年北京奥运会团体、吊环冠军，这是继 1984 年洛杉矶奥运会李宁之后的又一块吊环金牌

2009 年体操世界杯克罗地亚站：获得吊环项目冠军

2010 年荷兰鹿特丹第四十二届世界体操锦标赛获得吊环项目冠军。

2011 年体操世界杯法国站男子吊环项目冠军

2011 年日本东京第 43 届体操世界锦标赛吊环项目冠军

2012 年体操世界杯德国站吊环项目冠军

2012 伦敦奥运会体操男子吊环项目亚军

邹凯

邹凯

中文名：邹凯

英文名：Zou Kai

别名："邹大胆"、"小眯"

籍贯：四川省泸州市

运动项目：体操

专业特点：单杠、自由体操

1991 年开始体操生涯，2001 年进入四川体操省队，2002 年 2 月入选国家队，现为国家体操队主力队员之一。2012 伦敦奥运会体操男子自由体操的比赛中，邹凯力压日本名将内村航平，夺得自由体操金牌。这也是他的第五枚奥运会金牌，从而超越邓亚萍、伏明霞、郭晶晶、张怡宁、王楠、李小鹏、王濛等人的四金纪录，成为中国奥运史上第一人。

主要成绩

2003 年广州体操亚锦赛，男子自由体操冠军、单杠冠军、个人全

能季军；

2004 年全国体操冠军赛，自由体操冠军；

2004 年泛太平洋体操邀请赛，体操团体冠军；

2005 年世界杯德国科特布斯分站，自由体操季军；

2006 年卡塔尔多哈亚运会，体操团体冠军、单杠冠军，自由体操冠军；

2006 年世界杯体操法国里昂分站，自由体操季军；

2007 年世界杯中国上海分站，自由体操冠军 ；

2007 年世界杯法国巴黎分站，自由体操亚军；

2008 年世界杯德国科特布斯分站，单杠冠军；

2008 年 北京奥运会，体操团体冠军、自由体操冠军，单杠冠军；

2009 年第十一届全国运动会男子自由体操、男子单杠冠军；

2009 年第四十一届体操世锦赛自由体操亚军、单杠冠军；

2011 年体操世界杯多哈站男子自由体操、男子单杠冠军；

2011 年体操世界杯比利时站，单杠冠军；

2011 年 日本东京第 43 届体操世界锦标赛，自由体操亚军、单杠冠军；

2012 年 国际体操联合会挑战者杯卡塔尔多哈站，男子自由体操、单杠冠军；

2012 年 伦敦奥运会体操团体冠军、自由体操、单杠冠军；

肖钦

中文名：肖钦

英文名：Xiao Qin

别名：小马神

技术特点：重心高，旋转快，观赏性强

肖钦，中国体操队运动员，有“小马神”之称。5 岁开始在体操班练习体操，10 岁进入八一队，1999 年 14 岁时进入国家队，并逐渐成长为了最优秀的鞍马选手，此外在单杠项目上肖钦也具有很强的实力，获得多次世界赛事冠军。

肖钦

个人战绩

2001 年世锦赛鞍马亚军；

2001 年法国五大洲男子青少年体操邀请赛个人全能、鞍马冠军，自由体操亚军；

2002 年全国体操赛鞍马冠军，世界单项锦标赛鞍马亚军；

2003 年世界体操锦标赛男子团体冠军；

2004 年雅典体操热身赛男子鞍马冠军；

2004 年英国伯明翰世界杯体操总决赛男子鞍马冠军；

2005 年第十届全国运动会男子鞍马冠军；

2006 年丹麦第 39 届世界体操锦标赛男子鞍马冠军；

2007 年德国第 40 届体操世锦赛男子团体冠军，男子鞍马冠军；

2008 年北京第 29 届奥林匹克运动会体操男子团体冠军、男子鞍马冠军；

2009 年第十一届全国运动会男子鞍马冠军。

2012 年体操世界杯德国站鞍马冠军

程菲

中文名：程菲

英文名：Cheng Fei

专业特点：跳马、平衡木、自由体操

程菲，中国体操队队员，中国女子体操队队员、前队长。曾获得奥运会女子体操冠军、跳马冠军、平衡木冠军等众多金牌。第 38 届世界体操锦标赛后，国际体操联合会将其命名为“程菲跳”，程菲跳是第二个以中国女运动员命名的跳马动作。程菲一共在三届世锦赛、三届世界杯总决赛、二届奥运会上获得了九个世界冠军，成为了中国女子体操队获得世界冠军最多的队员。

程菲

主要成绩

2003 年亚洲体操锦标赛团体、跳马、自由体操冠军

2004 年全国体操锦标赛平衡木、自由体操冠军，跳马季军

2004 年雅典奥运会团体第七名、自由体操第四名

2004 年体操世界杯总决赛伯明翰站自由体操铜牌，跳马第四名

2005 年体操世界杯根特站女子跳马季军

2005 年全国体操锦标赛自由体操冠军，跳马亚军

2005 年全国体操冠军赛跳马冠军

2005 年十运会跳马冠军、全能亚军、自由体操季军

2005 年东亚运动会团体、自由体操冠军，跳马亚军

2005 年墨尔本世界体操锦标赛跳马冠军

2006 年全国体操锦标赛跳马冠军，自由体操亚军

2006 年奥胡斯世界体操锦标赛团体、跳马、自由体操冠军

2006 年体操世界杯总决赛圣保罗站跳马冠军

2006 年多哈亚运会跳马、自由体操、团体冠军

2007 年体操世界杯马里博尔站跳马、平衡木、自由体操冠军

2007 年体操世界杯上海站跳马、平衡木冠军

2007 年斯图加特世界体操锦标赛跳马金牌、团体银牌、自由体操第五

2008 年体操世界杯天津站程菲跳马、平衡木、自由体操冠军

2008 年北京奥运会团体冠军、跳马季军、平衡木季军、自由体操第七

2008 年全国体操冠军赛跳马冠军、自由体操季军

2008 年体操世界杯总决赛马德里站跳马、自由体操金牌

2009 年全国体操锦标赛跳马、自由体操冠军

2011 年全国体操锦标赛跳马亚军

2012 上海全国体操锦标赛暨伦敦奥运选拔赛女子跳马冠军、自由体操季军

蹦　床

黄珊汕

中文名：黄珊汕

身高：1.53 米

项目：蹦床

黄珊汕

2004 年雅典奥运会，当时年仅 18 岁的黄珊汕。在这个人们还不熟悉的“蹦来蹦去”的奥运会新项目蹦床上，为首次参赛的中国队夺得了一枚铜牌。从此，这个小姑娘便为中国蹦床扛起了大旗。2006 年亚运会上，黄珊汕以 0.1 分的优势战胜队友获得冠军，成为中国女子蹦床领军人物。

主要成绩

1998 年全国冠军赛团体冠军、个人亚军；

1999 年全国锦标赛团体冠军、个人冠军，全国冠军赛团体冠军、个人第三；

2000 年全国冠军赛、锦标赛团体冠军、个人亚军；

2001 年全国锦标赛团体冠军、个人冠军，

2002 年全国锦标赛双人同步（与郑晓鋆）冠军，全国冠军赛团体、个人冠军；

2003 年法国世界杯赛个人亚军，世锦赛团体亚军、个人第八；

2004 年雅典奥运会获得女子单跳铜牌，是中国选手在奥运会上夺得的第一枚蹦床奖牌。

2005 年世锦赛团体冠军、个人第八，世界杯比利时站个人第三；

2006 年世界杯德国站、瑞士站个人冠军，俄罗斯站个人第四名，总决赛个人第八名，2006 年亚运会个人冠军；

2007 年世锦赛个人亚军，世界杯加拿大站、中国站个人亚军；

2008 年世界杯法国站个人亚军。

2012 年伦敦奥运会亚军。

何雯娜

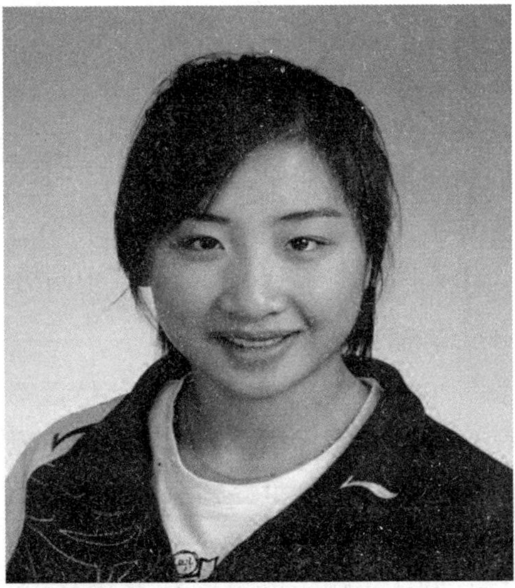

何雯娜

中文名：何雯娜

英文名：He Wenna

身 高：160cm

大 项：蹦床

小 项：女子网上个人

何雯娜 1995 年进入福建省体工队训练，主攻体操及技巧，1998 年底开始学蹦床，2002 年何雯娜进入国家队。2007 参加世界大赛时间并不长的她在魁北克蹦床世锦赛上一鸣惊人，一举夺得第二的好成绩，为中国获得一张北京奥运会的入场券。在 2007 年世锦赛和“好运北京”国际邀请赛中，战胜了钟杏平，成为了中国跳床项目的佼佼者。

主要成绩

2007 年蹦床世界锦标赛女子网上团体冠军

2008 年北京奥运会女子个人决赛中获得冠军；

2012 年伦敦奥运会获得季军。

董栋

中文名：董栋

英文名：Dong Dong

身高：1.68 米

项目：蹦床

董栋

董栋 5 岁开始练习体操，2002 年起改练蹦床，随即便表现出了在蹦床项目上极高的天赋，再加上训练刻苦，在短短两年内就成为我国蹦床界的优秀人才。2005 年初入选蹦床国家队，2006 年才开始参加国际比赛。仅仅一年之后，小伙子就斩获世锦赛亚军，并在世界杯加拿大站和中国站上获得男子个人网上蹦床冠军，成为了中国男子蹦床项目上的后起之秀。

主要成绩

2004 年全国蹦床锦标赛团体冠军。

2005 年第十届全国运动会团体冠军。

2007 年蹦床世界杯系列赛加拿大魁北克和中国昆山两站男子网上个人冠军。

2007 年蹦床世界锦标赛团体冠军、个人亚军，获北京奥运会入场券。

2008 年蹦床世界杯系列赛法国站网上个人冠军、西班牙站亚军。

2008 年北京奥运会季军；

2012 年伦敦奥运会冠军。

陆春龙

陆春龙

中文名：陆春龙

英文名：Lu Chunlong

身高：1.70 米

项目：蹦床

陆春龙 1997 年，陆春龙被选拔进入省队练习体操。后改练蹦床，2005 年进入国家队。陆春龙是近年来中国男队表现最为抢眼的选手之一，在 2005 年全运会主场封王之后，2006 年多哈亚运会获得了亚军。在世界杯波兰站、俄罗斯站、比利时站和日本站的比赛中获得冠军。并以优异的成绩在 2008 北京奥运会男子蹦床决赛中，获得了中国蹦床项目上第一枚男子奥运金牌。

主要成绩

2005 年十运会个人冠军。

2006 年世界杯荷兰站个人第三名，亚运会个人亚军；

2007 年世界杯波兰站、俄罗斯站个人冠军，中国站亚军，加拿大站、美国站第七名；

2007 年世锦赛个人资格赛第四名；

2008 年世界杯日本站个人冠军；

2008 年北京奥运会金牌。

2012 年伦敦奥运会铜牌。

PART 12 历史档案

竞技体操

自由体操

历届奥运会男子自由体操历史成绩记录

1932 年第十届洛杉矶奥运会：匈牙利的佩勒获得冠军

1936 年第十一届柏林奥运会：瑞士的米埃斯获得冠军

1948 年第十四届伦敦奥运会：匈牙利的帕塔基获得冠军

1952 年第十五届赫尔辛基奥运会：瑞典的托列松获得冠军

1956 年第十六届墨尔本奥运会：苏联的穆拉托夫获得冠军

1960 年第十七届罗马奥运会：日本的相原信行获得冠军

1964 年第十八届东京奥运会：意大利的梅尼凯利获得冠军

1968 年第十九届墨西哥奥运会：日本的加藤泽男获得冠军

1972 年第二十届慕尼黑奥运会：苏联的安德里亚诺夫获得冠军

1976 年第二十一届蒙特利尔奥运会：苏联的安德里亚诺夫获得冠军

1980 年第二十二届莫斯科奥运会：东德的布吕克纳获得冠军

1984 年第二十三届洛杉矶奥运会：中国的李宁获得冠军

1988 年第二十四届汉城奥运会：苏联的哈尔科夫获得冠军

1992 年第二十五届巴塞罗那奥运会：中国的李小双获得冠军

1996 年第二十六届亚特兰大奥运会：希腊的梅利桑尼迪斯获得

冠军

2000 年第二十七届悉尼奥运会：拉脱维亚的维赫洛夫斯获得冠军

2004 年第二十八届雅典奥运会：加拿大的谢菲尔特获得冠军

2008 年第二十九届北京奥运会：中国的邹凯获得冠军

2012 年第三十届伦敦奥运会：中国的邹凯获得冠军

历届世锦赛男子自由体操历史成绩记录

1934 年第十届匈牙利世界体操锦标赛：瑞士的米厄兹获得冠军

1938 年第十一届捷克斯洛伐克世界体操锦标赛：捷克斯洛伐克的盖多斯获得冠军

邹凯在比赛中

1950 年第十二届瑞士世界体操锦标赛：瑞士的斯塔尔德

1954 年第十三届意大利世界体操锦标赛：苏联的穆拉托夫、日本的竹本正男并列冠军

1958 年第十四届苏联世界体操锦标赛：日本的竹本正男获得冠军

1962 年第十五届捷克斯洛伐克世界体操锦标赛：日本的相原信行、远藤幸雄并列冠军

1966 年第十六届联邦德国世界体操锦标赛：日本的中山彰规获得冠军

1970 年第十七届南斯拉夫世界体操锦标赛：日本的中山彰规获得冠军

1974 年第十八届保加利亚世界体操锦标赛：日本的笠松茂获得冠军

1978 年第十九届法国世界体操锦标赛：美国的托马斯获得冠军

1979 年第二十届美国世界体操锦标赛：美国的托马斯、东德的布

鲁克纳并列冠军

1981 年第二十一届苏联世界体操锦标赛：中国的李月久、苏联的科罗廖夫并列冠军

1983 年第二十二届匈牙利世界体操锦标赛：中国的童非获得冠军

1985 年第二十三届加拿大世界体操锦标赛：中国的童非获得冠军

1987 年第二十四届荷兰世界体操锦标赛：中国的楼云获得冠军

1989 年第二十五届联邦德国世界体操锦标赛：苏联的科罗布钦斯基获得冠军

1991 年第二十六届美国印第安纳波利斯世界体操锦标赛：苏联的科罗布钦斯基获得冠军

1992 年第二十七届法国巴黎世界体操锦标赛：独联体的科罗布钦斯基获得冠军

1993 年第二十八届英国伯明翰世界体操锦标赛：乌克兰的米休金获得冠军

1994 年第二十九届澳大利亚布里斯班世界体操锦标赛：白俄罗斯的谢尔博获得冠军

1995 年第三十一届日本鲭江世界体操锦标赛：白俄罗斯的谢尔博获得冠军

1996 年第三十二届波多黎各圣胡安世界体操锦标赛：白俄罗斯的谢尔博获得冠军

1997 年第三十三届瑞士洛桑世界体操锦标赛：俄罗斯的涅莫夫获得冠军

1999 年第三十四届中国天津世界体操锦标赛：俄罗斯的涅莫夫获得冠军

2001 年第三十五届荷兰根特世界体操锦标赛：保加利亚的约夫切夫、罗马尼亚的德拉古莱斯库并列冠军

2002 年第三十六届匈牙利德布勒森世界体操锦标赛：罗马尼亚的德拉古莱斯库获得冠军

2003 年第三十七届美国阿纳海姆世界体操锦标赛：保加利亚的约夫切夫、美国的保罗·哈姆并列冠军

2005 年第三十八届澳大利亚墨尔本世界体操锦标赛：巴西的海波

里托获得冠军

2006 年第三十九届丹麦奥胡斯世界体操锦标赛：罗马尼亚的德拉古莱斯库获得冠军

2007 年第四十届德国斯图加特世界体操锦标赛：巴西的海波里托获得冠军

2009 年第四十一届英国伦敦世界体操锦标赛：罗马尼亚的德拉古莱斯库获得冠军

2010 年第四十二届荷兰鹿特丹世界体操锦标赛：希腊的科斯米迪斯获得冠军

2011 年第四十三届日本东京世界体操锦标赛：日本的内村航平获得冠军

历届世界杯男子自由体操历史成绩记录

1975 年第一届伦敦世界杯体操赛：日本的梶山广司获得冠军

1977 年第二届奥维多世界杯体操赛：苏联的安德里亚诺夫获得冠军

1978 年第三届圣保罗世界杯体操赛：东德的布鲁克纳获得冠军

1979 年第四届东京世界杯体操赛：日本的笠松茂、保加利亚的德尔切夫并列冠军

1980 年第五届多伦多世界杯体操赛：东德的布鲁克纳获得冠军

1982 年第六届萨格勒布世界杯体操赛：中国的李宁获得冠军

1986 年第七届北京世界杯体操赛：中国的李宁获得冠军

1990 年第八届布鲁塞尔世界杯体操赛：苏联的谢尔博获得冠军

1998 年第九届日本鲭江世界杯体操赛：中国的李小鹏获得冠军

2000 年第十届格拉斯哥世界杯体操赛：西班牙的德夫获得冠军

2002 年第十一届斯图加特世界杯体操赛：罗马尼亚的德拉古莱斯库获得冠军

2004 年第十二届伯明翰世界杯体操赛：巴西的海波里托获得冠军

2006 年第十三届圣保罗世界杯体操赛：巴西的海波里托获得冠军

2008 年第十四届马德里世界杯体操赛：巴西的海波里托获得冠军

注：从 1998 年起改为世界杯总决赛。

历届奥运会女子自由体操历史成绩记录

1952 年第十五届赫尔辛基奥运会：匈牙利的凯莱蒂获得冠军

1956 年第十六届墨尔本奥运会：苏联的拉蒂尼娜、匈牙利的凯莱蒂并列冠军

1960 年第十七届罗马奥运会：苏联的拉蒂尼娜获得冠军

1964 年第十八届东京奥运会：苏联的拉蒂尼娜获得冠军

1968 年第十九届墨西哥奥运会：苏联的彼特里克、捷克的查斯拉维斯卡并列冠军

1972 年第二十届慕尼黑奥运会：苏联的科尔布特获得冠军

1976 年第二十一届蒙特利尔奥运会：苏联的基姆获得冠军

1980 年第二十二届莫斯科奥运会：苏联的基姆、罗马尼亚的科马内奇并列冠军

1984 年第二十三届洛杉矶奥运会：罗马尼亚的萨博获得冠军

1988 年第二十四届汉城奥运会：罗马尼亚的希利瓦斯获得冠军

1992 年第二十五届巴塞罗那奥运会：罗马尼亚的米洛索维奇获得冠军

1996 年第二十六届亚特兰大奥运会：乌克兰的波德科帕耶娃获得冠军

2000 年第二十七届悉尼奥运会：俄罗斯的扎莫罗德奇科娃获得冠军

2004 年第二十八届雅典奥运会：罗马尼亚的波诺尔获得冠军

2008 年第二十九届北京奥运会：罗马尼亚的伊兹巴萨获得冠军

2012 年第三十届伦敦奥运会：美国的莱斯曼获得冠军

历届世锦赛女子自由体操历史成绩记录

1954 年第十三届世界女子体操锦标赛：苏联的玛尼娜获得冠军

1958 年第十四届世界女子体操锦标赛：捷克斯洛伐克的博萨科娃获得冠军

1962 年第十五届世界女子体操锦标赛：苏联的拉蒂尼娜获得冠军

1966 年第十六届世界女子体操锦标赛：苏联的库钦斯卡娅获得冠军

1970 年第十七届世界女子体操锦标赛：苏联的图里谢娃获得冠军

1974 年第十八届世界女子体操锦标赛：苏联的图里谢娃获得冠军

1978 年第十九届世界女子体操锦标赛：苏联的金、穆辛娜并列获得冠军

1979 年第二十届世界女子体操锦标赛：罗马尼亚的埃贝尔利获得冠军

1981 年第二十一届世界女子体操锦标赛：苏联的伊利因科获得冠军

1983 年第二十二届世界女子体操锦标赛：罗马尼亚的萨博获得冠军

1985 年第二十三届世界女子体操锦标赛：苏联的奥梅利扬奇珂获得冠军

1987 年第二十四届世界女子体操锦标赛：苏联的舒舒诺娃获得冠军

1989 年第二十五届世界女子体操锦标赛：苏联的博金斯卡娅、罗马尼亚的希莉瓦斯并列获得冠军

1991 年第二十六届世界女子体操锦标赛：罗马尼亚的蓬塔斯、苏联的丘索维金娜并列获得冠军

1992 年第二十七届世界女子体操锦标赛：美国的兹梅斯卡尔获得冠军

1993 年第二十八届世界女子体操锦标赛：美国的米勒获得冠军

1994 年第二十九届世界女子体操锦标赛：俄罗斯的科切特科娃获得冠军

1995 年第三十届世界女子体操锦标赛：罗马尼亚的高吉安获得冠军

1996 年第三十二届世界女子体操锦标赛：中国的奎媛媛、罗马尼亚的高吉安并列获得冠军

1997 年第三十三届世界女子体操锦标赛：罗马尼亚的高吉安获得冠军

1999 年第三十四届世界女子体操锦标赛：罗马尼亚的拉杜坎获得冠军

2001 年第三十五届世界女子体操锦标赛：罗马尼亚的拉杜坎获得冠军

2002 年第三十六届世界女子体操锦标赛：西班牙的戈麦兹获得冠军

2003 年第三十七届世界女子体操锦标赛：巴西的桑托斯获得冠军

2005 年第三十八届世界女子体操锦标赛：美国的萨克拉莫尼获得冠军

2006 年第三十九届世界女子体操锦标赛：中国的程菲获得冠军

2007 年第四十届世界女子体操锦标赛：美国的肖恩·约翰逊获得冠军

2009 年第四十一届世界女子体操锦标赛：英国的特维德尔获得冠军

2010 年第四十二届世界女子体操锦标赛：澳大利亚的米特切尔获得冠军

2011 年第四十三届世界女子体操锦标赛：俄罗斯的阿法纳西耶娃获得冠军

历届世界杯女子自由体操历史成绩记录

1975 年第一届伦敦世界杯体操赛：苏联的图里舍娃获得冠军

1977 年第二届奥维多世界杯体操赛：苏联的菲拉托娃获得冠军

1978 年第三届圣保罗世界杯体操赛：苏联的菲拉托娃获得冠军

1979 年第四届东京世界杯体操赛：罗马尼亚的科马内奇获得冠军

1980 年第五届多伦多世界杯体操赛：东德的格瑙克获得冠军

1982 年第六届萨格勒布世界杯体操赛：苏联的比切罗娃获得冠军

1986 年第七届北京世界杯体操赛：苏联的舒舒诺娃获得冠军

1990 年第八届布鲁塞尔世界杯体操赛：苏联的博金斯卡娅获得冠军

1998 年第九届日本鲭江世界杯体操赛：罗马尼亚的阿玛纳尔获得冠军

2000 年第十届格拉斯哥世界杯体操赛：罗马尼亚的拉杜坎获得冠军

2002 年第十一届斯图加特世界杯体操赛：荷兰的范德鲁尔获得冠军

2004 年第十二届伯明翰世界杯体操赛：巴西的桑托斯获得冠军

2006 年第十三届圣保罗世界杯体操赛：巴西的桑托斯获得冠军

2008 年第十四届马德里世界杯体操赛：中国的程菲获得冠军

注：从 1998 年起改为世界杯总决赛。

鞍马

历届奥运会鞍马历史成绩记录

1896 年第一届雅典奥运会：瑞士的朱特获得冠军

1904 年第三届圣路易斯奥运会：美国的安东获得冠军

1924 年第八届巴黎奥运会：瑞士的威廉获得冠军

1928 年第九届阿姆斯特丹奥运会：瑞士的亨吉获得冠军

1932 年第十届洛杉矶奥运会：匈牙利的佩勒获得冠军

1936 年第十一届柏林奥运会：德国的弗赖获得冠军

1948 年第十四届伦敦奥运会：芬兰的萨沃莱宁、阿尔托宁、胡赫塔宁并列冠军

1952 年第十五届赫尔辛基奥运会：苏联的丘卡林获得冠军

1956 年第十六届墨尔本奥运会：苏联的沙赫林获得冠军

1960 年第十七届罗马奥运会：苏联的沙赫林、芬兰的埃克曼并列冠军

1964 年第十八届东京奥运会：南斯拉夫的切拉尔获得冠军

1968 年第十九届墨西哥奥运会：南斯拉夫的切拉尔获得冠军

1972 年第二十届慕尼黑奥运会：苏联的克利缅科获得冠军

1976 年第二十一届蒙特利尔奥运会：匈牙利的马乔尔获得冠军

1980 年第二十二届莫斯科奥运会：匈牙利的马乔尔获得冠军

1984 年第二十三届洛杉矶奥运会：中国的李宁、美国的维迪马并列冠军

1988 年第二十四届汉城奥运会：苏联的比洛泽尔采夫、匈牙利的博凯、保加利亚的格拉斯科夫并列冠军

1992 年第二十五届巴塞罗那奥运会：朝鲜的裴吉诛、独联体的谢尔博并列冠军

1996 年第二十六届亚特兰大奥运会：瑞士的李东华获得冠军

2000 年第二十七届悉尼奥运会：罗马尼亚的乌兹卡获得冠军

2004 年第二十八届雅典奥运会：中国的滕海滨获得冠军

2008 年第二十九届北京奥运会：中国的肖钦获得冠军

2012 年第三十届伦敦奥运会：匈牙利的贝尔基获得冠军

历届体操世锦赛鞍马历史成绩记录

1934 年第十届匈牙利世锦赛：瑞士的马克获得冠军

1938 年第十一届捷克斯洛伐克世锦赛：瑞士的勒斯什获得冠军

1950 年第十二届瑞士世锦赛：瑞士的斯塔尔德获得冠军

1954 年第十三届意大利世锦赛：前苏联的沙金扬获得冠军

肖钦在比赛中

1958 年第十四届苏联世锦赛：前苏联的沙赫林获得冠军

1962 年第十五届捷克斯洛伐克世锦赛：南斯拉夫的切拉尔获得冠军

1966 年第十六届联邦德国世锦赛：南斯拉夫的切拉尔获得冠军

1970 年第十七届南斯拉夫世锦赛：前南斯拉夫的切拉尔获得冠军

1974 年第十八届保加利亚世锦赛：匈牙利的马乔尔获得冠军

1978 年第十九届法国世锦赛：匈牙利的马乔尔获得冠军

1979 年第二十届美国世锦赛：匈牙利的马乔尔获得冠军

1981 年第二十一届苏联世锦赛：中国的李小平、民主德国的米·尼古拉伊并列冠军

1983 年第二十二届匈牙利世锦赛：前苏联的比洛泽尔采夫获得冠军

1985 年第二十三届加拿大世锦赛：前苏联的莫吉里尼获得冠军

1987 年第二十四届荷兰世锦赛：匈牙利的博尔卡伊、前苏联的比洛泽尔采夫并列冠军

1989 年第二十五届联邦德国世锦赛：前苏联的莫吉里尼获得冠军

1991 年第二十六届美国印第安纳波利斯世锦赛：前苏联的贝伦基获得冠军

1992 年第二十七届法国巴黎世锦赛：中国的李敬、朝鲜的裴吉洙、独联体谢尔博并列冠军

1993 年第二十八届英国伯明翰世锦赛：朝鲜的裴吉洙获得冠军

1994 年第二十九届澳大利亚布里斯班世锦赛：罗马尼亚的乌兹卡获得冠军

1995 年第三十一届日本鲭江世锦赛：瑞士的李东华获得冠军

1996 年第三十二届波多黎各圣胡安世锦赛：朝鲜的裴吉洙获得冠军

1997 年第三十三届瑞士洛桑世锦赛：俄罗斯的别列斯基获得冠军

1999 年第三十四届中国天津世锦赛：俄罗斯的涅莫夫获得冠军

2001 年第三十五届荷兰根特世锦赛：罗马尼亚的乌兹卡获得冠军

2002 年第三十六届匈牙利德布勒森世锦赛：罗马尼亚的乌兹卡获得冠军

2003 年第三十七届美国阿纳海姆世锦赛：中国的滕海滨、日本的鹿岛丈博并列冠军

2005 年第三十八届澳大利亚墨尔本世锦赛：中国的肖钦获得冠军

2006 年第三十九届丹麦奥胡斯世锦赛：中国的肖钦获得冠军

2007 年第四十届德国斯图加特世锦赛：中国的肖钦获得冠军

2009 年第四十一届英国伦敦世锦赛：中国的张宏涛获得冠军

2010 年第四十二届荷兰鹿特丹世锦赛：匈牙利的贝尔基获得冠军

2011 年第四十三届东京世锦赛：匈牙利的贝尔基获得冠军

历届体操世界杯赛鞍马历史成绩记录

1975 年第一届伦敦世界杯体操赛：匈牙利的马乔尔获得冠军

1977 年第二届奥维多世界杯体操赛：苏联的马尔凯洛夫、民主德

国的尼古莱并列冠军

1978 年第三届圣保罗世界杯体操赛：匈牙利的马乔尔获得冠军

1979 年第四届东京世界杯体操赛：美国的康纳尔获得冠军

1980 年第五届多伦多世界杯体操赛：民主德国的布鲁克纳获得冠军

1982 年第六届萨格勒布世界杯体操赛：中国的李宁获得冠军

1986 年第七届北京世界杯体操赛：中国的李宁获得冠军

1990 年第八届布鲁塞尔世界杯体操赛：中国的李敬获得冠军

1998 年第九届日本鲭江世界杯体操赛：罗马尼亚的乌兹卡、中国的张津京、法国的波加德并列冠军

2000 年第十届格拉斯哥世界杯体操赛：罗马尼亚的乌兹卡获得冠军

2002 年第十一届斯图加特世界杯体操赛：罗马尼亚的乌兹卡获得冠军

2004 年第十二届伯明翰世界杯体操赛，中国的肖钦获得冠军

2006 年第十三届圣保罗世界杯体操赛，中国的肖钦获得冠军

2008 年第十四届马德里世界杯体操赛，中国的张洪涛获得冠军

注：从 1998 年起改为世界杯总决赛。

吊环

历届奥运会吊环历史成绩记录

1896 年第一届雅典奥运会：希腊的米特罗普洛斯·约安尼斯获得冠军

1904 年第三届圣路易斯奥运会：美国的格拉斯·赫尔曼获得冠军

1924 年第八届巴黎奥运会：意大利的弗朗西斯科·马蒂诺获得冠军

1928 年第九届阿姆斯特丹奥运会：南斯拉夫的里昂·什图克利获得冠军

1932 年第十届洛杉矶奥运会：美国的朱立亚·古拉克获得冠军

1936 年第十一届柏林奥运会：捷克斯洛伐克的阿罗斯·胡德茨获

得冠军

1948 年第十四届伦敦奥运会：瑞士的卡尔·弗莱格锡获得冠军

1952 年第十五届赫尔辛基奥运会：苏联的格兰特·沙吉尼扬获得冠军

1956 年第十六届墨尔本奥运会：苏联的阿尔伯特·阿扎良获得冠军

1960 年第十七届罗马奥运会：苏联的阿尔伯特·阿扎良获得冠军

1964 年第十八届东京奥运会：日本的早田卓次获得冠军

1968 年第十九届墨西哥奥运会：日本的中山彰规获得冠军

1972 年第二十届慕尼黑奥运会：日本的中山彰规获得冠军

1976 年第二十一届蒙特利尔奥运会：苏联的尼克雷·安德里亚诺夫获得冠军

1980 年第二十二届莫斯科奥运会：苏联的亚历山大·季佳京获得冠军

1984 年第二十三届洛杉矶奥运会：中国的李宁和日本的具志坚幸司并列获得冠军

1988 年第二十四届汉城奥运会：苏联的德米特里·比洛泽尔采夫和民主德国的霍尔格·贝伦特并列获得冠军

1992 年第二十五届巴塞罗那奥运会：独联体的维塔利·舍尔伯获得冠军

1996 年第二十六届亚特兰大奥运会：意大利的尤里·凯基获得冠军

2000 年第二十七届悉尼奥运会：匈牙利的吉尔维斯特·索拉尼获得冠军

2004 年第二十八届雅典奥运会：希腊的塔姆帕科斯获得冠军

2008 年第二十九届北京奥运会：中国的陈一冰获得冠军

2012 年第三十届伦敦奥运会：巴西的亚瑟·扎内蒂获得冠军

历届体操世锦赛吊环历史成绩记录

1934 年第十届匈牙利世锦赛：捷克斯洛伐克的舒德茨获得冠军

1938 年第十一届捷克斯洛伐克世锦赛：捷克斯洛伐克的舒德茨获

得冠军

1950 年第十二届瑞士世锦赛：瑞士的列曼获得冠军

1954 年第十三届意大利世锦赛：前苏联的阿扎良获得冠军

1958 年第十四届苏联世锦赛：前苏联的阿扎良获得冠军

陈一冰获得冠军

1962 年第十五届捷克斯洛伐克世锦赛：前苏联的季托夫获得冠军

1966 年第十六届联邦德国世锦赛：前苏联的沃罗宁获得冠军

1970 年第十七届南斯拉夫世锦赛：日本的中山彰规获得冠军

1974 年第十八届保加利亚世锦赛：前苏联的安德里亚诺夫、罗马尼亚的格列库并列冠军

1978 年第十九届法国世锦赛：前苏联的安德里亚诺夫获得冠军

1979 年第二十届美国世锦赛：前苏联的季佳京获得冠军

1981 年第二十一届苏联世锦赛：前苏联的季佳京获得冠军

1983 年第二十二届匈牙利世锦赛：前苏联的比洛泽尔采夫、日本的具志坚幸司并列冠军

1985 年第二十三届加拿大世锦赛：中国的李宁、前苏联的科罗廖夫并列冠军

1987 年第二十四届荷兰世锦赛：前苏联的科罗廖夫获得冠军

1989 年第二十五届联邦德国世锦赛：联邦德国的阿古伊拉获得冠军

1991 年第二十六届美国印第安纳波利斯世锦赛：前苏联的米休金获得冠军

1992 年第二十七届法国巴黎世锦赛：独联体的谢尔博获得冠军

1993 年第二十八届英国伯明翰世锦赛：意大利的凯基获得冠军

1994 年第二十九届澳大利亚布里斯班世锦赛：意大利的凯基获得冠军

1995 年第三十一届日本鲭江世锦赛：意大利的凯基获得冠军

1996 年第三十二届波多黎各圣胡安世锦赛：意大利的凯基获得冠军

1997 年第三十三届瑞士洛桑世锦赛：意大利的凯基获得冠军

1999 年第三十四届中国天津世锦赛：中国的董震获得冠军

2001 年第三十五届荷兰根特世锦赛：保加利亚的约夫切夫获得冠军

2002 年第三十六届匈牙利德布勒森世锦赛：匈牙利的乔拉尼获得冠军

2003 年第三十七届美国阿纳海姆世锦赛：保加利亚的约夫切夫、希腊的塔姆帕克斯并列获得冠军

2005 年第三十八届澳大利亚墨尔本世锦赛：荷兰的范杰尔德获得冠军

2006 年第三十九届丹麦奥胡斯世锦赛：中国的陈一冰获得冠军

2007 年第四十届德国斯图加特世锦赛：中国的陈一冰获得冠军

2009 年第四十一届英国伦敦世锦赛：中国的严明勇获得冠军

2010 年第四十二届荷兰鹿特丹世锦赛：中国的陈一冰获得冠军

2011 年第四十三届日本东京世锦赛：中国的陈一冰获得冠军

历届体操世界杯赛吊环历史成绩记录

1975 年第一届伦敦世界杯体操赛：日本的塚原光男获得冠军

1977 年第二届奥维多世界杯体操赛：苏联的安德里亚诺夫获得冠军

1978 年第三届圣保罗世界杯体操赛：苏联的季佳京获得冠军

1979 年第四届东京世界杯体操赛：苏联的季佳京获得冠军

1980 年第五届多伦多世界杯体操赛：中国的黄玉斌、苏联的马库茨并列冠军

1982 年第六届萨格勒布世界杯体操赛：中国的李宁获得冠军

1986 年第七届北京世界杯体操赛：苏联的莫吉里尼、科罗廖夫并列获得冠军

1990 年第八届布鲁塞尔世界杯体操赛：苏联的贝伦基获得冠军

1998 年第九届日本鲭江世界杯体操赛：匈牙利的索拉尼获得冠军

2000 年第十届格拉斯哥世界杯体操赛：匈牙利的索拉尼获得冠军

2002 年第十一届斯图加特世界杯体操赛：保加利亚的约夫特切夫获得冠军

2004 年第十二届伯明翰世界杯体操赛：荷兰的范格尔获得冠军

2006 年第十三届圣保罗世界杯体操赛：委内瑞拉的卡莫那获得冠军

2008 年第十四届马德里世界杯体操赛：乌克兰的沃罗比约夫获得冠军

注：1998 年起改为世界杯总决赛

跳马

历届奥运会男子跳马历史成绩记录

1896 年第一届雅典奥运会：德国的舒曼获得冠军

1904 年第三届圣路易斯奥运会：美国的艾塞尔、安东并列冠军

1924 年第八届巴黎奥运会：美国的克里茨获得冠军

1928 年第九届阿姆斯特丹奥运会：瑞士的麦克获得冠军

1932 年第十届洛杉矶奥运会：意大利的古列梅蒂获得冠军

1936 年第十一届柏林奥运会：德国的施瓦茨曼获得冠军

1948 年第十四届伦敦奥运会：芬兰的阿尔托宁获得冠军

1952 年第十五届赫尔辛基奥运会：苏联的丘卡林获得冠军

1956 年第十六届墨尔本奥运会：德国的班茨、苏联的穆拉托夫并列冠军

1960 年第十七届罗马奥运会：日本的小野乔、苏联的沙赫林并列冠军

1964 年第十八届东京奥运会：日本的山下治广获得冠军

1968 年第十九届墨西哥奥运会：苏联的米克海尔沃罗宁获得冠军

1972 年第二十届慕尼黑奥运会：东德的库斯特获得冠军

1976 年第二十一届蒙特利尔奥运会：苏联的安德里亚诺夫获得冠军

1980 年第二十二届莫斯科奥运会：苏联的安德里亚诺夫获得冠军

1984 年第二十三届洛杉矶奥运会：中国的楼云获得冠军
1988 年第二十四届汉城奥运会：中国的楼云获得冠军
1992 年第二十五届巴塞罗那奥运会：独联体的舍尔伯获得冠军
1996 年第二十六届亚特兰大奥运会：俄罗斯的涅莫夫获得冠军
2000 年第二十七届悉尼奥运会：西班牙的德费尔获得冠军
2004 年第二十八届雅典奥运会：西班牙的德菲尔获得冠军
2008 年第二十九届北京奥运会：波兰的布拉尼克获得冠军
2012 年第三十届伦敦奥运会：韩国的梁鹤善获得冠军

历届奥运会女子跳马历史成绩记录

1952 年第十五届赫尔辛基奥运会：苏联的卡琳丘克获得冠军
1956 年第十六届墨尔本奥运会：苏联的拉蒂尼娜获得冠军
1960 年第十七届罗马奥运会：苏联的尼克拉耶娃获得冠军
1964 年第十八届东京奥运会：捷克的查斯拉维斯卡获得冠军
1968 年第十九届墨西哥奥运会：捷克的查斯拉维斯卡获得冠军
1972 年第二十届慕尼黑奥运会：民主德国的扬茨获得冠军
1976 年第二十一届蒙特利尔奥运会：苏联的基姆获得冠军
1980 年第二十二届莫斯科奥运会：苏联的沙波什尼科娃获得冠军
1984 年第二十三届洛杉矶奥运会：罗马尼亚的萨博获得冠军
1988 年第二十四届汉城奥运会：苏联的博金斯卡娅获得冠军
1992 年第二十五届巴塞罗那奥运会：匈牙利的奥诺迪、罗马尼亚的米洛索维奇并列冠军
1996 年第二十六届亚特兰大奥运会：罗马尼亚的阿玛纳尔获得冠军
2000 年第二十七届悉尼奥运会：俄罗斯的扎莫罗德奇科娃获得冠军
2004 年第二十八届雅典奥运会：罗马尼亚的罗苏获得冠军
2008 年第二十九届北京奥运会：朝鲜的洪恩贞获得冠军
2012 年第三十届伦敦奥运会：罗马尼亚的伊兹巴萨获得冠军

历届世锦赛男子跳马历史成绩记录

1934 年第十届匈牙利体操世锦赛：瑞士的马克获得冠军

1938 年第十一届捷克斯洛伐克体操世锦赛：瑞士的马克获得冠军

1950 年第十二届瑞士体操世锦赛：瑞士的耶本丁耶尔获得冠军

1954 年第十三届意大利体操世锦赛：捷克斯洛伐克的沙多尼克获得冠军

1958 年第十四届苏联体操世锦赛：苏联的季托夫获得冠军

1962 年第十五届捷克斯洛伐克体操世锦赛：捷克斯洛伐克的克尔贝茨获得冠军

1966 年第十六届联邦德国体操世锦赛：日本的松田获得冠军

1970 年第十七届南斯拉夫体操世锦赛：日本的冢原光南获得冠军

1974 年第十八届保加利亚体操世锦赛：日本的笠松茂获得冠军

1978 年第十九届法国体操世锦赛：日本的清水获得冠军

1979 年第二十届美国体操世锦赛：苏联的季佳京获得冠军

1981 年第二十一届苏联体操世锦赛：东德的黑曼获得冠军

1983 年第二十二届匈牙利体操世锦赛：苏联的阿卡皮扬获得冠军

1985 年第二十三届加拿大体操世锦赛：苏联的科罗廖夫获得冠军

1987 年第二十四届荷兰体操世锦赛：中国的楼云、东德的克罗尔并列冠军

1989 年第二十五届联邦德国体操世锦赛：东德的贝伦德获得冠军

1991 年第二十六届美国印第安纳波利斯体操世锦赛：韩国的柳玉烈获得冠军

1992 年第二十七届（单）法国巴黎体操世锦赛：柳玉烈韩国

1993 年第二十八届（单）英国伯明翰体操世锦赛：白俄罗斯的谢尔博获得冠军

1994 年第二十九届（单）澳大利亚布里斯班世锦赛：白俄罗斯的谢尔博获得冠军

1995 年第三十一届日本鲭江世锦赛：俄罗斯的涅莫夫获得冠军

1996 年第三十二届（单）波多黎各圣胡安世锦赛：俄罗斯的涅莫夫获得冠军

1997 年第三十三届瑞士洛桑世锦赛：哈萨克斯坦的弗多尔岑科获得冠军

1999 年第三十四届中国天津世锦赛：中国的李小鹏获得冠军

2001 年第三十五届荷兰根特世锦赛：罗马尼亚的德拉古莱斯库获得冠军

2002 年第三十六届（单）匈牙利德布勒森世锦赛：中国的李小鹏获得冠军

2003 年第三十七届美国阿纳海姆世锦赛：中国的李小鹏获得冠军

2005 年第三十八届（单）澳大利亚墨尔本世锦赛：罗马尼亚的德拉古莱斯库获得冠军

2006 年第三十九届丹麦奥胡斯世锦赛：罗马尼亚的德拉古莱斯库获得冠军

2007 年第四十届德国斯图加特世锦赛：波兰的布拉尼克获得冠军

2009 年第四十一届英国伦敦世锦赛：罗马尼亚的德拉古列斯库获得冠军

2010 年第四十二届荷兰鹿特丹世锦赛：法国的鲍埃尔获得冠军

2011 年第四十三届日本东京世锦赛：韩国的梁鹤善获得冠军

历届世锦赛女子跳马历史成绩记录

1954 年第十三届意大利体操世锦赛：苏联的玛尼娜、瑞典的彼杰尔森并列冠军

1958 年第十四届苏联体操世锦赛：苏联的拉蒂尼娜获得冠军

1962 年第十五届捷克斯洛伐克体操世锦赛：苏联的别斯拉夫斯卡获得冠军

1966 年第十六届联邦德国体操世锦赛：捷克斯洛伐克的恰斯拉夫斯卡获得冠军

1970 年第十七届南斯拉夫体操世锦赛：民主德国的祖霍尔德获得冠军

1974 年第十八届保加利亚体操世锦赛：苏联的科尔布特获得冠军

1978 年第十九届法国体操世锦赛：苏联的金获得冠军

1979 年第二十届美国体操世锦赛：罗马尼亚的特奈尔获得冠军

1981 年第二十一届苏联体操世锦赛：民主德国的格瑙克获得冠军

1983 年第二十二届匈牙利体操世锦赛：保加利亚的斯托扬诺娃获得冠军

1985 年第二十三届加拿大体操世锦赛：苏联的舒舒诺娃获得冠军

1987 年第二十四届荷兰体操世锦赛：苏联的舒舒诺娃获得冠军

1989 年第二十五届联邦德国体操世锦赛：苏联的杜德尼克获得冠军

1991 年第二十六届美国印年第安纳波利斯体操世锦赛：罗曼尼亚的米洛索维奇获得冠军

1992 年第二十七届（单）法国巴黎体操世锦赛：匈牙利的奥诺迪获得冠军

1993 年第二十八届（单）英国伯明翰体操世锦赛：白俄罗斯的皮斯库恩获得冠军

1994 年第二十九届（单）澳大利亚布里斯班世锦赛：罗马尼亚的高吉安获得冠军

1995 年第三十一届日本鲭江世锦赛：乌克兰的波德科帕耶娃、罗马尼亚的阿玛纳尔并列冠军

1996 年第三十二届（单）波多黎各圣胡安世锦赛：罗马尼亚的高吉安获得冠军

1997 年第三十三届瑞士洛桑世锦赛：罗马尼亚的阿玛纳尔获得冠军

1999 年第三十四届中国天津世锦赛：俄罗斯的扎莫洛德奇科娃获得冠军

2001 年第三十五届荷兰根特世锦赛：俄罗斯的霍尔金娜获得冠军

2002 年第三十六届（单）匈牙利德布勒森世锦赛：俄罗斯的扎莫洛德奇科娃获得冠军

2003 年第三十七届美国阿纳海姆世锦赛：德国的丘索维金娜获得冠军

2005 年第三十八届（单）澳大利亚墨尔本世锦赛：中国的程菲获得冠军

2006 年第三十九届丹麦奥胡斯世锦赛：中国的程菲获得冠军

2007 年第四十届德国斯图加特世锦赛：中国的程菲获得冠军

2009 年第四十一届英国伦敦世锦赛：美国的威廉姆斯获得冠军

2010 年第四十二届荷兰鹿特丹世锦赛：美国的萨克拉莫尼获得

冠军

2011 年第四十三届日本东京世锦赛：美国的马龙尼获得冠军

历届世界杯男子跳马历史成绩记录

1975 年第一届伦敦世界杯体操赛：苏联的萨姆吉亚获得冠军

1977 年第二届奥维多世界杯体操赛：苏联的马尔凯洛夫获得冠军

1978 年第三届圣保罗世界杯体操赛：日本的清水顺一获得冠军

1979 年第四届东京赛世界杯体操赛：东德的巴特尔获得冠军

1980 年第五届多伦多世界杯体操赛：东德的布鲁克纳获得冠军

1982 年第六届萨格勒布世界杯体操赛：中国的李宁获得冠军

1986 年第七届北京世界杯体操赛：东德的克劳尔、苏联的科罗廖夫并列冠军

1990 年第八届布鲁塞尔世界杯体操赛：苏联的谢尔博获得冠军

1998 年第九届日本鲭江世界杯体操赛：俄罗斯的涅莫夫获得冠军

2000 年第十届格拉斯哥世界杯体操赛：罗马尼亚的德拉古莱斯库获得冠军

2002 年第十一届斯图加特世界杯体操赛：中国的陆斌获得冠军

2004 年第十二届伯明翰世界杯体操赛：中国的陆斌获得冠军

2006 年第十三届圣保罗世界杯体操赛：罗马尼亚的德拉古勒斯库获得冠军

2008 年第十四届马德里世界杯体操赛：法国的布哈尔获得冠军

注：从 1998 年起改为世界杯总决赛。

历届世界杯女子跳马历史成绩记录

1975 年第一届伦敦世界杯体操赛：苏联的图里舍娃获得冠军

1977 年第二届奥维多世界杯体操赛：苏联的沙波什尼科娃获得冠军

1978 年第三届圣保罗世界杯体操赛：苏联的沙波什尼科娃获得冠军

1979 年第四届东京世界杯体操赛：罗马尼亚的科马内奇获得冠军

1980 年第五届多伦多世界杯体操赛：苏联的扎哈罗娃获得冠军

1982 年第六届萨格勒布世界杯体操赛：苏联的比切罗娃、尤尔钦

科并列冠军

1986 年第七届北京世界杯体操赛：苏联的舒舒诺娃获得冠军

1990 年第八届布鲁塞尔世界杯体操赛：匈牙利的奥诺迪获得冠军

1998 年第九届日本鲭江世界杯体操赛：罗马尼亚的阿玛纳尔获得冠军

2000 年第十届格拉斯哥世界杯体操赛：俄罗斯的扎莫洛德奇科娃获得冠军

2002 年第十一届斯图加特世界杯体操赛：德国的丘索维金娜、俄罗斯的扎莫洛德奇科娃并列冠军

2004 年第十二届伯明翰世界杯体操赛：美国的沙克拉莫尼获得冠军

2006 年第十三届圣保罗世界杯体操赛：中国的程菲获得冠军

2008 年第十四届马德里世界杯体操赛：中国的程菲获得冠军

注：从 1998 年起改为世界杯总决赛。

双杠

历届奥运会男子双杠历史成绩记录

1896 年第一届雅典奥运会：德国的赫尔曼·魏因加特纳获得冠军

1904 年第三届圣路易斯奥运会：美国的乔治·艾塞尔获得冠军

1924 年第八届巴黎奥运会：瑞士的奥格斯特·居丁格尔获得冠军

1928 年第九届阿姆斯特丹奥运会：捷克斯洛伐克的雷蒂斯拉夫·瓦哈获得冠军

1932 年第十届洛杉矶奥运会：意大利的罗密欧·内里获得冠军

1936 年第十一届柏林奥运会：德国的康纳德·弗赖获得冠军

1948 年第十四届伦敦奥运会：瑞士的迈克尔·罗伊施获得冠军

1952 年第十五届赫尔辛基奥运会：瑞士的汉斯·尤格斯特获得冠军

1956 年第十六届墨尔本奥运会：苏联的伊万诺维奇·丘卡林获得冠军

1960 年第十七届罗马奥运会：苏联的鲍里斯·沙赫林获得冠军

1964 年第十八届东京奥运会：日本的远藤幸雄获得冠军

1968 年第十九届墨西哥奥运会：日本的中山彰规获得冠军

1972 年第二十届慕尼黑奥运会：日本的加藤泽男获得冠军

1976 年第二十一届蒙特利尔奥运会：日本的加藤泽男获得冠军

1980 年第二十二届莫斯科奥运会：苏联的亚历山大·特卡切夫获得冠军

1984 年第二十三届洛杉矶奥运会：美国的巴特霍尔德·康纳尔获得冠军

1988 年第二十四届汉城奥运会：苏联的弗拉基米尔·阿尔捷莫夫获得冠军

1992 年第二十五届巴塞罗那奥运会：独联体的维塔利·舍尔伯获得冠军

1996 年第二十六届亚特兰大奥运会：乌克兰的罗斯塔姆·沙里波夫获得冠军

2000 年第二十七届悉尼奥运会：中国的李小鹏获得冠军

2004 年第二十八届雅典奥运会：乌克兰的冈查罗夫获得冠军

2008 年第二十九届北京奥运会：中国的李小鹏获得冠军

2012 年第三十届伦敦奥运会：中国的冯喆获得冠军

历届体操世锦赛男子双杠历史成绩记录

1934 年第十届匈牙利世锦赛：瑞士的马克获得冠军

1938 年第十一届捷克斯洛伐克世锦赛：瑞士的勒斯什获得冠军

1950 年第十二届瑞士世锦赛：瑞士的埃尔斯泰尔获得冠军

1954 年第十三届意大利世锦赛：苏联的朱卡林获得冠军

1958 年第十四届苏联世锦赛：苏联的沙赫林获得冠军

1962 年第十五届捷克斯洛伐克世锦赛：南斯拉夫的切拉尔获得冠军

1966 年第十六届联邦德国世锦赛：苏联的迪奥米多夫获得冠军

1970 年第十七届南斯拉夫世锦赛：日本的中山彰规获得冠军

1974 年第十八届保加利亚世锦赛：日本的监物永三获得冠军

1978 年第十九届法国世锦赛：日本的监物永三获得冠军

1979 年第二十届美国世锦赛：美国的康纳尔获得冠军

1981 年第二十一届苏联世锦赛：日本的具志坚幸司、苏联的季佳京并列冠军

1983 年第二十二届匈牙利世锦赛：苏联的阿尔捷莫夫、中国的楼云并列冠军

1985 年第二十三届加拿大世锦赛：民主德国的克劳尔、苏联的莫吉里尼并列冠军

1987 年第二十四届荷兰世锦赛：苏联的阿尔捷莫夫获得冠军

1989 年第二十五届联邦德国世锦赛：苏联的阿尔捷莫夫、中国的李敬并列冠军

1991 年第二十六届美国印第安纳波利斯世锦赛：中国的李敬获得冠军

1992 年第二十七届法国巴黎世锦赛：中国的李敬、独联体的沃洛帕耶夫并列冠军

1993 年第二十八届英国伯明翰世锦赛：白俄罗斯的谢尔博获得冠军

1994 年第二十九届澳大利亚布里斯班世锦赛：中国的黄力平获得冠军

1995 年第三十一届日本鲭江世锦赛：白俄罗斯的谢尔博获得冠军

1996 年第三十二届波多黎各圣胡安世锦赛：乌克兰的沙里波夫获得冠军

1997 年第三十三届瑞士洛桑世锦赛：中国的张津京获得冠军

1999 年第三十四届中国天津世锦赛：韩国的李周炯获得冠军

2001 年第三十五届荷兰根特世锦赛：美国的汤森德获得冠军

2002 年第三十六届匈牙利德布勒森世锦赛：中国的李小鹏获得冠军

2003 年第三十七届美国阿纳海姆世锦赛：中国的李小鹏获得冠军

2005 年第三十八届澳大利亚墨尔本世锦赛：斯洛文尼亚的佩特科夫塞克获得冠军

2006 年第三十九届丹麦奥胡斯世锦赛：中国的杨威获得冠军

2007 年第四十届德国斯图加特世锦赛：斯洛文尼亚的佩特科夫塞克、韩国的金大恩并列冠军

2009 年第四十一届英国伦敦世锦赛：中国的王冠寅获得冠军
2010 年第四十二届荷兰鹿特丹世锦赛：中国的冯喆获得冠军
2011 年第四十三届日本东京世锦赛：美国的莱瓦获得冠军

单杠

历届奥运会男子单杠历史成绩记录

1896 年第一届雅典奥运会：德国的魏因加特纳获得冠军
1904 年第三届圣路易斯奥运会：美国的安东、亨宁并列冠军
1924 年第八届巴黎奥运会：南斯拉夫的什图克利获得冠军
1928 年第九届阿姆斯特丹奥运会：瑞士的米埃斯获得冠军
1932 年第十届洛杉矶奥运会：美国的比克斯勒获得冠军
1936 年第十一届柏林奥运会：芬兰的萨尔瓦拉获得冠军
1948 年第十四届伦敦奥运会：瑞士的斯塔尔德获得冠军
1952 年第十五届赫尔辛基奥运会：瑞士的京塔德获得冠军
1956 年第十六届墨尔本奥运会：日本的小野乔获得冠军
1960 年第十七届罗马奥运会：日本的小野乔获得冠军
1964 年第十八届东京奥运会：苏联的沙赫林获得冠军
1968 年第十九届墨西哥奥运会：日本的中山彰规、苏联的米克海尔沃罗宁并列冠军
1972 年第二十届慕尼黑奥运会：日本的冢原光男获得冠军
1976 年第二十一届蒙特利尔奥运会：日本的冢原光男获得冠军
1980 年第二十二届莫斯科奥运会：保加利亚的德尔切夫获得冠军
1984 年第二十三届洛杉矶奥运会：日本的森末慎二获得冠军
1988 年第二十四届汉城奥运会：苏联的阿尔捷莫夫获得冠军
1992 年第二十五届巴塞罗那奥运会：美国的迪马斯获得冠军
1996 年第二十六届亚特兰大奥运会：德国的魏克获得冠军
2000 年第二十七届悉尼奥运会：俄罗斯的涅莫夫获得冠军
2004 年第二十八届雅典奥运会：意大利的卡西纳获得冠军
2008 年第二十九届北京奥运会：中国的邹凯获得冠军
2012 年第三十届伦敦奥运会：荷兰的左德兰德获得冠军

历届体操世锦赛男子单杠历史成绩记录

1934 年第十届匈牙利世锦赛：德国的温特尔获得冠军

1938 年第十一届捷克斯洛伐克世锦赛：瑞士的勒斯什获得冠军

1950 年第十二届瑞士世锦赛：芬兰的阿尔托宁获得冠军

1954 年第十三届意大利世锦赛：苏联的穆拉托夫获得冠军

1958 年第十四届苏联世锦赛：苏联的沙赫林获得冠军

1962 年第十五届捷克斯洛伐克世锦赛：日本的小野乔获得冠军

1966 年第十六届联邦德国世锦赛：日本的中山彰规获得冠军

1970 年第十七届南斯拉夫世锦赛：日本的监物永三获得冠军

1974 年第十八届保加利亚世锦赛：联邦德国的京格尔获得冠军

1978 年第十九届法国世锦赛：日本的笠松茂获得冠军

1979 年第二十届美国世锦赛：美国的托马斯获得冠军

1981 年第二十一届苏联世锦赛：苏联的特卡切夫获得冠军

1983 年第二十二届匈牙利世锦赛：苏联的比洛泽尔采夫获得冠军

1985 年第二十三届加拿大世锦赛：中国的童非获得冠军

1987 年第二十四届荷兰世锦赛：苏联的比洛泽尔采夫获得冠军

1989 年第二十五届联邦德国世锦赛：中国的李春阳获得冠军

1991 年第二十六届美国印第安纳波利斯世锦赛：中国的李春阳、德国的布契尼尔并列冠军

1992 年第二十七届法国巴黎世锦赛：独联体米休金获得冠军

1993 年第二十八届英国伯明翰世锦赛：俄罗斯的哈尔科夫获得冠军

1994 年第二十九届澳大利亚布里斯班世锦赛：白俄罗斯的谢尔博获得冠军

1995 年第三十一届日本鲭江世锦赛：德国的韦克尔获得冠军

1996 年第三十二届波多黎各圣胡安世锦赛：西班牙的卡巴罗获得冠军

1997 年第三十三届瑞士洛桑世锦赛：芬兰的坦斯坎宁获得冠军

1999 年第三十四届中国天津世锦赛：西班牙的赫苏斯获得冠军

2001 年第三十五届荷兰根特世锦赛：希腊的马拉斯获得冠军

2002 年第三十六届匈牙利德布勒森世锦赛：希腊的马拉斯获得冠军

2003 年第三十七届美国阿纳海姆世锦赛：日本的鹿岛丈博获得冠军

2005 年第三十八届澳大利亚墨尔本世锦赛：斯洛文尼亚的佩甘获得冠军

2006 年第三十九届丹麦奥胡斯世锦赛：澳大利亚的里佐获得冠军

2007 年第四十届德国斯图加特世锦赛：德国的汉布钦获得冠军

2009 年第四十一届英国伦敦世锦赛：中国的邹凯获得冠军

2010 年第四十二届荷兰鹿特丹世锦赛：中国的张成龙获得冠军

2011 年第四十三届日本东京世锦赛：中国的邹凯获得冠军

高低杠

历届奥运会女子高低杠历史成绩记录

1952 年第十五届赫尔辛基奥运会：匈牙利的科龙迪获得冠军

1956 年第十六届墨尔本奥运会：匈牙利的凯莱蒂获得冠军

1960 年第十七届罗马奥运会：前苏联的阿斯塔科娃获得冠军

1964 年第十八届东京奥运会：前苏联的阿斯塔科娃获得冠军

1968 年第十九届墨西哥奥运会：捷克的查斯拉维斯卡获得冠军

1972 年第二十届慕尼黑奥运会：前东德的扬茨获得冠军

1976 年第二十一届蒙特利尔奥运会：罗马尼亚的科马内奇获得冠军

1980 年第二十二届莫斯科奥运会：前东德的格瑙克获得冠军

1984 年第二十三届洛杉矶奥运会：中国的马燕红获得冠军

1988 年第二十四届汉城奥运会：罗马尼亚的希莉瓦斯获得冠军

1992 年第二十五届巴塞罗那奥运会：中国的陆莉获得冠军

1996 年第二十六届亚特兰大奥运会：俄罗斯的霍尔金娜获得冠军

2000 年第二十七届悉尼奥运会：俄罗斯的霍尔金娜获得冠军

2004 年第二十八届雅典奥运会：法国的勒佩内奇获得冠军

2008 年第二十九届北京奥运会：中国的何可欣获得冠军

2012 年第三十届伦敦奥运会：俄罗斯的穆斯塔芬娜获得冠军

历届体操世锦赛女子高低杠历史成绩记录

1954 年第十三届意大利世锦赛：匈牙利的凯莱蒂获得冠军

1958 年第十四届苏联世锦赛：苏联的拉蒂尼娜获得冠军

1962 年第十五届捷克斯洛伐克世锦赛：苏联的别尔乌辛娜获得冠军

1966 年第十六届联邦德国世锦赛：苏联的库钦斯卡娅获得冠军

1970 年第十七届南斯拉夫世锦赛：民主德国的杨茨获得冠军

1974 年第十八届保加利亚世锦赛：民主德国的津克获得冠军

1978 年第十九届法国世锦赛：美国的弗雷德里克获得冠军

1979 年第二十届美国世锦赛：中国的马燕红、民主德国的格瑙克并列冠军

1981 年第二十一届苏联世锦赛：民主德国的格瑙克获得冠军

1983 年第二十二届匈牙利世锦赛：民主德国的格瑙克获得冠军

1985 年第二十三届加拿大世锦赛：民主德国的芬里奇获得冠军

1987 年第二十四届荷兰世锦赛：罗马尼亚的希莉瓦斯、联邦德国的图姆莱尔获得冠军

1989 年第二十五届联邦德国世锦赛：中国的樊迪、罗马尼亚的希莉瓦斯获得冠军

1991 年第二十六届美国印第安纳波利斯世锦赛：朝鲜的金光淑获得冠军

1992 年第二十七届法国巴黎世锦赛：罗马尼亚的米洛索维奇获得冠军

1993 年第二十八届英国伯明翰世锦赛：美国的米勒获得冠军

1994 年第二十九届澳大利亚布里斯班世锦赛：中国的罗莉获得冠军

1995 年第三十一届日本鲭江世锦赛：俄罗斯的霍尔金娜获得冠军

1996 年第三十二届波多黎各圣胡安世锦赛：俄罗斯的霍尔金娜获得冠军

1997 年第三十三届瑞士洛桑世锦赛：俄罗斯的霍尔金娜获得冠军

1999 年第三十四届中国天津世锦赛：俄罗斯的霍尔金娜获得冠军

2001 年第三十五届荷兰根特世锦赛：俄罗斯的霍尔金娜获得冠军

2002 年第三十六届匈牙利德布勒森世锦赛：美国的库佩茨获得冠军

2003 年第三十七届美国阿纳海姆世锦赛：美国的霍莉、梅美尔并列冠军

2005 年第三十八届澳大利亚墨尔本世锦赛：美国的柳金获得冠军

2006 年第三十九届丹麦奥胡斯世锦赛：英国的特维德尔获得冠军

2007 年第四十届德国斯图加特世锦赛：俄罗斯的塞梅诺娃获得冠军

2009 年第四十一届英国伦敦世锦赛：中国的何可欣获得冠军

2010 年第四十二届荷兰鹿特丹世锦赛：英国的特维德尔获得冠军

2011 年第四十三届日本东京世锦赛：俄罗斯的科莫娃获得冠军

平衡木

历届奥运会女子平衡木历史成绩记录

1952 年第十五届赫尔辛基奥运会：苏联的博恰罗娃获得冠军

1956 年第十六届墨尔本奥运会：匈牙利的凯莱蒂获得冠军

1960 年第十七届罗马奥运会：捷克的博萨科娃获得冠军

1964 年第十八届东京奥运会：捷克的查斯拉维斯卡获得冠军

1968 年第十九届墨西哥奥运会：苏联的库钦斯卡娅获得冠军

1972 年第二十届慕尼黑奥运会：苏联的科尔布特获得冠军

1976 年第二十一届蒙特利尔奥运会：罗马尼亚的科马内奇获得冠军

1980 年第二十二届莫斯科奥运会：罗马尼亚的科马内奇获得冠军

1984 年第二十三届洛杉矶奥运会：罗马尼亚的萨博、帕乌卡并列冠军

1988 年第二十四届汉城奥运会：罗马尼亚的希利瓦斯获得冠军

1992 年第二十五届巴塞罗那奥运会：独联体的李申科获得冠军

1996 年第二十六届亚特兰大奥运会：美国的米勒获得冠军

2000 年第二十七届悉尼奥运会：中国的刘璇获得冠军

2004 年第二十八届雅典奥运会：罗马尼亚的波诺尔获得冠军

2008 年第二十九届北京奥运会：美国的肖恩·约翰逊获得冠军

2012 年第三十届伦敦奥运会：中国的邓琳琳获得冠军

历届世锦赛女子平衡木历史成绩记录

1974 年第十八届保加利亚世锦赛：苏联的图里谢娃获得冠军

1978 年第十九届法国世锦赛：罗马尼亚的科马内奇获得冠军

1979 年第二十届美国世锦赛：捷克斯洛伐克的采尔娜获得冠军

1981 年第二十一届苏联世锦赛：民主德国的格瑙克获得冠军

1983 年第二十二届匈牙利世锦赛：苏联的莫斯捷潘诺娃获得冠军

1985 年第二十三届加拿大世锦赛：罗马尼亚的希利瓦斯获得冠军

1987 年第二十四届荷兰世锦赛：罗马尼亚的多布蕾获得冠军

1989 年第二十五届联邦德国世锦赛：罗马尼亚的希利瓦斯获得冠军

1991 年第二十六届美国印第安纳波利斯世锦赛：苏联的博金斯卡娅获得冠军

1992 年第二十七届法国巴黎世锦赛：美国的兹梅斯卡尔获得冠军

1993 年第二十八届英国伯明翰世锦赛：罗马尼亚的米洛索维奇获得冠军

1994 年第二十九届澳大利亚布里斯班世锦赛：美国的米勒获得冠军

1995 年第三十一届日本鲭江世锦赛：中国的莫慧兰获得冠军

1996 年第三十二届波多黎各圣胡安世锦赛：俄罗斯的科切特科娃获得冠军

1997 年第三十三届瑞士洛桑世锦赛：罗马尼亚的高吉安获得冠军

1999 年第三十四届中国天津世锦赛：中国的凌洁获得冠军

2001 年第三十五届荷兰根特世锦赛：罗马尼亚的拉杜坎获得冠军

2002 年第三十六届匈牙利德布勒森世锦赛：美国的波斯特尔获得冠军

2003 年第三十七届美国阿纳海姆世锦赛：中国的范晔获得冠军：

2005 年第三十八届澳大利亚墨尔本世锦赛：美国的柳金获得冠军

2006 年第三十九届丹麦奥胡斯世锦赛：乌克兰的克拉斯尼安斯卡获得冠军

2007 年第四十届德国斯图加特世锦赛：美国的柳金获得冠军

2009 年第四十一届英国伦敦世锦赛：中国的邓琳琳获得冠军

2010 年第四十二届荷兰鹿特丹世锦赛：罗马尼亚的波格拉斯获得冠军

2011 年第四十三届日本东京世锦赛：中国的眭禄获得冠军

艺术体操

历届奥运会艺术体操全能历史成绩记录

1984 年第二十三届洛杉矶奥运会：加拿大的洛莉·冯获得冠军，罗马尼亚的斯泰库列斯库获得亚军，联邦德国的韦贝尔获得季军

1988 年第二十四届汉城奥运会：苏联的洛巴奇获得冠军，保加利亚的杜娜夫斯卡获得亚军，苏联的季莫申科获得季军

1992 年第二十五届巴塞罗那奥运会：独联体季莫申科获得冠军，西班牙帕斯卡尔·格拉西亚获得亚军，独联体斯卡尔迪娜获得季军

1996 年第二十六届亚特兰大奥运会：乌克兰的塞雷布里扬斯卡娅获得冠军，俄罗斯的巴蒂欣科获得亚军，乌克兰的涅维特里申科获得季军

2000 年第二十七届悉尼奥运会：俄罗斯的巴尔苏科娃获得冠军，白俄罗斯的拉斯金娜获得亚军，俄罗斯的卡芭耶娃获得季军

2004 年第二十八届雅典奥运会：俄罗斯的卡芭耶娃获得冠军，俄罗斯的查金娜获得亚军，乌克兰的别索诺娃获得季军

2008 年第二十九届北京奥运会：俄罗斯的卡纳耶娃获得冠军，白俄罗斯的茹科娃获得亚军，乌克兰的别兹索诺娃获得季军

2012 年第三十届伦敦奥运会：俄罗斯的卡纳耶娃获得冠军，俄罗斯的德米特里娃获得亚军，白俄罗斯的查卡谢娜获得季军

注：1984 年洛杉矶奥运会，艺术体操被列为正式比赛项目

蹦　床

历届奥运会蹦床运动历史成绩记录

男子个人

2000 年第二十七届悉尼奥运会：俄罗斯的亚历山大·莫斯卡伦科获得冠军，澳大利亚吉·瓦莱斯获得季军，加拿大的马蒂厄·图尔吉昂获得季军

2004 年第二十八届雅典奥运会：乌克兰的尤里·尼基金获得冠军，俄罗斯的亚历山大·莫斯卡伦科获得亚军，德国的亨里克·斯特里克获得季军

2008 年第二十九届北京奥运会：中国的陆春龙获得冠军，加拿大的贾森·伯内特获得亚军，中国的董栋获得季军

2012 年第三十届伦敦奥运会：中国的董栋获得冠军，俄罗斯的乌沙科夫获得亚军，中国的陆春龙获得季军

女子个人

2000 年第二十七届悉尼奥运会：俄罗斯的伊琳娜－卡拉维耶娃获得冠军，乌克兰的奥克萨娜－奇胡列娃获得亚军，加拿大的卡伦－科伯恩获得季军

2004 年第二十八届雅典奥运会：德国的安娜－多戈纳泽获得冠军，加拿大的伦－科伯恩获得亚军，中国的黄珊汕获得季军

2008 年第二十九届北京奥运会：中国何雯娜获得冠军，加拿大的卡伦－科伯恩获得亚军，乌兹别克斯坦的埃卡特里娜－基尔科获得季军

2012 年第三十届伦敦奥运会：加拿大的麦克伦南获得冠军，中国的黄珊汕获得亚军，中国的何雯娜获得季军

注：2000 年悉尼奥运会，蹦床被列为正式比赛项目